LA NOUVELLE FRACTURE INTERNATIONALE

Noursoultan Nazarbayev

LA NOUVELLE FRACTURE INTERNATIONALE

Traduit du russe
par Jacques Imbert

Préface de Christian Poncelet
Président du Sénat

Albin Michel

PRÉFACE

En resituant le Kazakhstan dans son contexte régional et en mettant en lumière les enjeux de la stabilité et de la sécurité en Asie centrale, *La nouvelle fracture internationale* montre bien les défis auxquels le Kazakhstan d'aujourd'hui se trouve confronté.

Cet ouvrage recense sans angélisme les menaces auxquelles le Kazakhstan doit faire face : risques de conflits entre confessions différentes ; cohabitation parfois difficile avec certaines minorités ethniques ; discussions ou différends territoriaux (notamment autour de la mer Caspienne) ; terrorisme international ; trafics de stupéfiants ; jeux d'influence des grandes puissances... Autant de questions qui nécessitent une vigilance permanente de l'Etat kazakh, au centre d'une région ô combien stratégique.

Le développement équilibré et harmonieux de ce qu'il est maintenant convenu d'appeler l'Eurasie, auquel l'Europe en général et la France en particulier sont tout spécialement attentives, suppose en effet un Kazakhstan prospère et stable.

Les réformes structurelles courageuses et difficiles menées ces dernières années ont donné au Kazakhstan une assise solide, de nature notamment à favoriser certaines réformes sociales ou politiques encore nécessaires pour une pleine et parfaite intégration du pays au sein de la communauté internationale.

Comme elle l'a toujours fait au cours de ces dernières années — parfois insuffisamment, il est vrai, ou à tout le moins, trop discrètement —, je suis sûr que la France continuera de se trouver aux côtés du Kazakhstan pour encourager son développement et créer un pôle de stabilité dans une région stratégique mais souvent turbulente. Je suis certain aussi que mon pays veillera à renforcer les nécessaires liens entre l'Union européenne et le Kazakhstan.

Christian Poncelet
Président du Sénat

INTRODUCTION À L'ÉDITION FRANÇAISE

J'expose dans cet ouvrage ma vision des évolutions de ce monde globalisé, de la poussée du « terrorisme international », de la lutte contre la pauvreté, contre le trafic de stupéfiants et pour la création de zones de sécurité régionale dans le but de réduire les clivages du développement économique et social.

J'espère que cet essai contribuera à sensibiliser la société française à la politique intérieure et extérieure du Kazakhstan. Mon pays lutte contre toute forme d'extrémisme. Il connaît des transformations économiques et politiques historiques, depuis que le Kazakhstan a accédé à l'indépendance.

La France est pour nous un exemple de démocratie, de spiritualité et de haute culture. Elle est, aujourd'hui, notre partenaire économique avec un important potentiel d'investissements, symbolisé par la présence active du groupe Total sur le marché kazakh.

J'adresse tous mes remerciements à mon ami Christian Poncelet, Président du Sénat, pour avoir accepté de préfacer ce livre.

J'espère que les idées et propositions évoquées dans cet ouvrage trouveront leur place dans l'action de la communauté internationale pour le bien de notre monde, l'enracinement de la démocratie et la stabilité de la vie internationale.

Noursoultan Nazarbayev

INTRODUCTION

La mémoire du feu

Des gerbes d'étincelles aveuglantes percent l'épais rideau de poussière et de fumée, comme un feu d'artifice, avant de se dissiper en tous sens. D'un geste familier, j'ouvre avec le pic le trou de coulée du haut fourneau, et maintenant c'est un soleil qui envahit le brouillard brun et fonce sur moi. Le métal liquide s'élance impétueux dans la rigole, vague blanc et or, étincelante cascade. L'air brûlant me cogne littéralement le visage. La chaleur est si vive qu'en de tels moments, bon gré mal gré, des larmes vous jaillissent des yeux et vous suffoquez.

Il n'y a pas bien longtemps, une trentaine d'années, quand, novice dans le métier, je me trouvais près de l'énorme cuve pleine de feu et de métal en fusion, ou que je travaillais dans le fracas étourdissant du laminoir, j'étais pris par l'envie irrésistible de fuir à l'air frais et vivifiant des vastes étendues de la steppe, de jouir une fois de plus de la senteur des capillaires et du silence déchirant du plat pays au déclin du jour. Je garde particulièrement en mémoire cette sensation de peur et le tremblement du néophyte, quand on pense que seuls quelques mètres vous séparent de l'océan de métal à mille degrés, que l'on est à la merci du moindre geste imprudent, d'un incident technique imprévisible mais toujours possible au cours d'une manipulation complexe.

Les allégories ne sont pas toujours utilisées à propos, et leur emploi est le plus souvent subjectif. Cependant, elles nous gouvernent, même inconsciemment : la nature et la puissance du feu sont en tout lieu et en tout temps identiques – que ce soit la fonte du métal en haut fourneau ou en convertisseur ou un élément d'une autre nature –, il constitue l'ouragan dévastateur de passions humaines. L'impuissance à contrôler ces passions, à les maîtriser entraîne ruine et catastrophe. Dans le haut fourneau, la sécurité est assurée par l'observation scrupuleuse de tous les maillons d'une chaîne technologique complexe. Dans les rapports entre les humains et au sein de leurs communautés, il n'existe malheureusement pas de règles assez strictes permettant d'éviter les effets destructeurs.

Abaï, le grand penseur kazakh, a dit : « L'hostilité n'est pas une défense de la vérité, mais l'envie, ou simplement l'incapacité de vivre en concorde. » Il est difficile de dire dans quelle mesure l'envie est présente dans les causes réelles des problèmes politiques et sociaux qui ont envahi notre planète. Une chose est évidente : l'incapacité élémentaire de « vivre en concorde » est à l'origine de nombreux conflits et des confrontations qui éclatent de toutes parts. Il s'agit, plus exactement, de l'incapacité d'assurer la concorde et du manque de persuasion chez ceux dont cela dépend.

L'histoire contemporaine s'accélère. Ce qui jadis durait des siècles se réalise aujourd'hui en un instant.

Les chefs d'Etat se rencontrent quotidiennement, alors que naguère même les dirigeants de puissances voisines ne se voyaient jamais ou seulement quand la rencontre marquait le début ou la fin d'un gouvernement, d'un Etat. De nos jours, de nouveaux Etats et de nouvelles alliances naissent presque chaque mois, et il leur suffit de quelques années pour acquérir une forme et une structure achevées.

Krach boursier ou événement extraordinaire à l'échelle d'une région, les nouvelles circulent sur la planète si rapidement qu'on pourrait parler d'un système nerveux central unique de l'humanité. Comme disent les philosophes, aujourd'hui dans l'espace nous gagnons en force ce que nous perdons en temps. Le kaléidoscope des faits change à une vitesse telle que souvent nous n'arrivons pas à saisir et à analyser d'assez près certaines singularités des régions et des sociétés. En termes imagés, le tableau du monde et de l'ordre mondial varie si vite que les peintres et les experts n'ont pas le temps de mélanger les couleurs politiques et sociologiques. Il faut souvent introduire de nouveaux euphémismes et des néologismes pour élargir cette palette, comme mondialisation et terrorisme international.

Pour les uns, la mondialisation, c'est la nouvelle tour de Babel qui désunira encore plus les peuples et enterrera sous ses décombres ses architectes et ses ingénieurs. Pour d'autres, c'est comme une théorie unique qui permettra de réunir et de prendre en compte les intérêts de toutes les forces représentatives des sociétés et des Etats ayant une culture sociale.

Pour les adversaires de la mondialisation, ce ne sont là que de nouveaux habillages de phénomènes anciens : néocolonialisme, néo-occidentalisation, néo-modernisation. Ses partisans, en revanche, avancent des arguments de poids et des preuves concrètes qu'elle contribue à un progrès scientifico-technique et social significatif des régions jusqu'ici en retard. A chacun son argumentaire et ses démonstrations. Pour les uns, la mondialisation est le retour à l'âge de pierre ; pour les autres, elle est porteuse d'énergie vitale et de prospérité. Comme toujours, le vrai se situe au juste milieu.

Cependant, ce n'est pas seulement de nous-mêmes, de notre désir conscient ou intuitif d'harmonie et de bien-être que dépend l'entrée positive ou négative de la mondialisation dans notre vie. Beaucoup, voire tout, dépend d'autres facteurs, certains parfois insaisissables : le potentiel culturel, la tradition historique, la situation économique, la base de ressources, et aussi... la perception et la conception individuelles ou nationales du monde, qui n'obéissent pas à la logique ou ne se forment pas toujours sur des bases constructives.

Il en va de même avec ce qu'on appelle le terrorisme international, l'extrémisme et le séparatisme qui ont fait une brutale irruption dans notre quotidien et dans le discours des Etats. Dans leurs manifestations les plus dures ce sont des maladies chroniques de la communauté mondiale, contaminée par les inégalités politiques, sociales et économiques. On ne peut dire si ces maladies présentent des syndromes davantage géopolitiques que sociaux. On ne peut dire qu'elles sont dues plus à l'économie qu'à des actes de désobéissance civile ou de protestation politique, ou à d'autres causes. On y trouve un peu de tout.

Le terrorisme, le séparatisme, l'extrémisme, c'est la

guerre. Et comme dans toute guerre, nous, les membres de la coalition antiterroriste et pays de bonne volonté, nous ne pouvons pas ne pas prendre les armes. Mais il est impossible d'éradiquer le terrorisme sans réduire l'abîme catastrophique séparant le monde des riches de celui des pauvres, sans arrêter, en même temps que les beaux discours de paix, les livraisons d'armes, la toxicomanie de millions d'hommes et la possibilité d'en tirer des fortunes, les ambitions géopolitiques et les intérêts égoïstes aux dépens des peuples et des Etats.

Les armes les plus meurtrières sont ici impuissantes. Si, au plus fort du combat contre le terrorisme, nous devions ramener certains pays et peuples à l'âge de pierre, nous ne ferions qu'attiser l'idée même de terrorisme au lieu de l'anéantir. C'est seulement en comprenant que le terrorisme international n'est pas un phénomène indépendant, mais la partie émergée de l'iceberg, que nous saurons l'éradiquer ; c'est en comprenant qu'il se développe à proportion des tares sociales et économiques que nous éliminerons toute possibilité de le voir resurgir et croître.

Pris d'une sainte colère, ayant juré de livrer un combat sans merci au terrorisme international et régional, nous devons cependant donner une réponse claire et nette à cette question : « Contre qui ou même contre quoi allons-nous nous battre en réalité, et de quelle façon le ferons-nous, afin d'éradiquer cette terreur universelle ? » Il faut répondre objectivement et correctement à cette question avant de pouvoir rejeter dans l'oubli ces mots affreux de terrorisme, extrémisme, séparatisme.

L'humanité, qui a désormais bien senti les dangers

et en a pris pleinement conscience, peut faire davantage que quelques pas pour réduire la fracture entre la richesse et la pauvreté, entre le « pacifisme » des riches et l'« agressivité » des pauvres, et tout ce qui apporte mort et ruine à tous les pays sans exception. Combien coûte le premier pas allant vers une baisse de la tension mondiale liée au terrorisme, à l'extrémisme et au séparatisme ? Est-ce vraiment réclamer l'impossible, requérir des efforts surhumains ?

Un seul exemple, pas très spectaculaire, mais concret.

Il y a une dizaine d'années, devant l'Assemblée générale de l'ONU, j'ai fait une proposition simple dans sa lettre et son esprit : unissons nos efforts, faisons acte de bonne volonté en offrant un pour cent du budget militaire de chaque Etat afin de contribuer à résoudre les problèmes des régions en crise et des pays en développement. Cela permettrait d'aplanir les contradictions et, éventuellement, d'en éviter d'autres et des conflits à venir. A cette époque déjà, les fortes avancées de la mondialisation et de la polarisation confuse du monde laissaient prévoir les menaces induites par ces deux processus. Les Kazakhs disent : « Quand se fait entendre le bruit du danger, l'homme devient sourd ; quand apparaît son ombre, l'homme devient aveugle. »

L'appel au compromis mutuel et salutaire n'a pas été entendu.

Etait-il prématuré ? Peut-être.

Etait-il vide de sens ? Il s'est avéré que non.

Tout le monde était trop troublé par l'effondrement du système totalitaire soviétique et ébloui par les espérances d'une union de l'humanité fondée sur les principes du libéralisme. Tout le monde pensait naïvement qu'aucun obstacle ne s'y opposait plus et que tout irait de soi. A quoi bon s'alarmer puisque dorénavant tous les pays dépenseraient moins pour l'armement, qui perdrait le caractère de nécessité absolue qu'il avait à l'époque de la compétition entre les deux grandes puissances ?

Une décennie a passé et, comme on dit, le monde a changé. « A l'occasion de ce forum, je voudrais réitérer la proposition que j'avais avancée, voilà juste dix ans, devant l'Assemblée générale de l'ONU, de réduire d'un pour cent les dépenses militaires de tous les Etats et de consacrer cet argent au développement des pays les plus pauvres. » J'ai prononcé ces paroles au sommet de Johannesbourg, une année à peine après la tragédie du 11 septembre 2001.

Le monde a changé, certes ; encore faut-il dire en quoi. Malheureusement, si l'on s'en tient aux faits et si l'on compare l'état du monde avant et après la tragédie américaine, on voit que presque rien n'a bougé.

Dans le sens du changement, notons le remplacement du régime des talibans en Afghanistan et un regain de l'activité antiterroriste dans tous les pays du monde. Mais le terrorisme ne se résume pas aux seuls talibans. On observe sans peine que des événements d'une telle ampleur se reproduisent chaque année dans l'histoire de l'humanité. Et avec une constance remarquable. Après, personne n'ose parler de changement global du monde, au sens que nous donnons aujourd'hui à ce mot.

Ce n'est pas tout...

Y a-t-il moins de pauvreté et de misère sur la planète ? Non !

La production de substances psychotropes et leur consommation ont-elles diminué dans le monde ? Non !

Y a-t-il moins d'agressivité et d'intolérance religieuse entre les principales confessions ? Non !

Et les attentats de Bali et la prise d'otages de Moscou ? Al-Qaida, la principale organisation terroriste, existe toujours. Oussama Ben Laden, le terroriste international numéro un, est-il mort ou vivant ? Nous l'ignorons. En tout cas, on le sent partout présent, comme avant le 11 septembre 2001.

Cela apparaît même dans des détails futiles. On rapporte que les grandes compagnies aériennes utilisent de nouveau, pendant leurs vols, des couteaux et des fourchettes métalliques pour le service de leurs passagers. Le flot des voyageurs aériens a repris son rythme d'avant, et les nombreux services de sécurité ne sont déjà plus en état de contrôler ni à plus forte raison, de garantir la pleine sécurité en vol.

Le danger passé, l'homme semble de nouveau aveugle.

Des signes indiquent que la prévoyance, la compréhension mutuelle et l'atmosphère de confiance qui s'imposaient à tous lors de ces journées tragiques cèdent à nouveau la place à l'insouciance, à l'incompréhension et à la méfiance.

Pour triompher du danger, il ne faut ni l'oublier ni l'éluder. Il faut aller à sa rencontre et le combattre collectivement, en abandonnant l'égoïsme géopolitique, les préjugés confessionnels et les ambitions politiques. Notamment quand il s'agit des maladies chroniques de notre planète, qui dégénèrent en terrorisme, souvent sous des formes agressives.

Nous déclarons qu'au nom de la sécurité générale, le droit du plus fort doit être remplacé par le droit collectif, international. C'est d'ailleurs ce qui se fait déjà dans de nombreux cas. Le recours au droit international est devenu courant et c'est une arme « pacifique » pour de nombreux Etats. L'autorité du droit international est suffisamment grande, elle est confirmée par la belle histoire de sa naissance, de sa validation et de son adoption sans réserves dans une écrasante majorité de pays.

1648. L'Europe déchirée, épuisée par la guerre de Trente Ans, une guerre atroce et interminable, avait soif de paix. Pas d'une paix fragile et instable, elle voulait davantage : des garanties et des mesures constructives, le moyen efficace d'empêcher de nouveaux conflits. La paix tant attendue fut enfin conclue dans la cathédrale gothique de Münster et à l'hôtel de ville d'Osnabrück, deux cités de Westphalie. Les intérêts de la religion laissaient la place aux intérêts des Etats. Ainsi fut signé le traité de Westphalie, qui donna à l'Europe sa chance de survie et sa sécurité future, fondée sur des concepts nouveaux : la souveraineté et les intérêts nationaux.

Un nouvel ordre mondial était né ; la pratique d'accords pacifiques interétatiques, basés sur le droit à l'autonomie et à la souveraineté, succéda aux sempiternelles guerres intestines, féodales et religieuses. Le nouveau système de relations inauguré par le traité de Westphalie se transforma en une réforme qui, au bout du compte, donna au monde une Europe unie, de progrès et attachée à ses objectifs. A quelques exceptions près, le système de sécurité issu du traité a fait ses preuves pendant plus de deux siècles, avant de s'effondrer avec la Première Guerre mondiale.

1919. Le système de 1648, déjà ébranlé par les conquêtes napoléoniennes, s'est trouvé périmé après la guerre. Le principe d'inviolabilité des frontières et de l'intangibilité de la souveraineté ne garantissait plus la paix : il n'était plus un instrument efficace de prévention des conflits. Il fallait des garants plus fiables pour éviter une autre conflagration mondiale. D'autant plus qu'un nouveau danger venant de l'Est, le communisme, gagnait l'Europe. En principe, la Russie soviétique, prêchant ouvertement la révolution mondiale, ne reconnaissait pas l'ordre européen fondé sur l'inviolabilité des frontières et les intérêts nationaux. Le 28 juin 1919, à Versailles, ancienne résidence des rois de France, les pays de la Triple-Entente et l'Allemagne signèrent un traité fixant les nouvelles règles du jeu géopolitique qui réorganisait le monde d'après guerre. Entre autres choses, le traité de Versailles apportait une innovation : le concept de « garant de la paix ». L'ordre ne devait plus obéir aux anciens principes de souveraineté nationale ; dorénavant, il disposait d'un garant collectif de la paix.

Aux yeux des concepteurs du système, seule l'intimidation du potentiel fauteur de guerre pouvait garantir la paix. La première fissure du système versaillais a été provoquée par la Russie soviétique qui s'opposa à la Triple-Entente avec succès et devint la puissante Union soviétique, plus que jamais porteuse du flambeau de la révolution mondiale. Le coup de grâce fut donné au traité de Versailles par l'Allemagne nazie revancharde qui imposa un redécoupage de la carte de l'Europe et d'autres régions du monde entraînant la Seconde Guerre mondiale. Cet effondrement du système de Versailles aboutit, après guerre, à réduire le rôle de l'eurocentrisme dans les relations internationales, remplacé par l'américanocentrisme. La conférence de Yalta en 1945 institua pour une longue période une bipolarisation géopolitique qui prit fin en 1991.

2001. Le monde est ébranlé par une guerre asymétrique, celle d'une organisation extraterritoriale dépourvue d'armée régulière contre une puissance mondiale pourvue de tous les attributs d'un Etat : la guerre d'Al-Qaida contre les Etats-Unis d'Amérique. Le terrorisme international, nouvelle force géopolitique, s'est affirmé sous sa forme la plus monstrueuse. Pour la première fois à l'échelle du globe, les hommes ont ressenti la présence de l'ennemi porteur de mort et de ruine, que rien n'arrête dans sa macabre entreprise ; il ne reconnaît pas le droit international, il ne peut être tempéré par le respect des frontières nationales et il ne craint pas les garants de la paix, si forts soient-ils. Le dragon du terrorisme a toujours existé et toujours attaqué lâchement ses adversaires, mais jamais aussi ouvertement et avec une telle ampleur. Pendant la première guerre d'Irak, pays qui possédait un armement assez développé et des forces entraînées, les Etats-Unis ont, dans l'opération Tempête du désert, subi des pertes humaines bien inférieures à celles qu'Al-Qaida à elle seule leur a infligées.

Le terrorisme international a torpillé les systèmes de sécurité mondiale et régionale. Et le monde, à peine remis de ce premier choc, n'a toujours pas réagi à cette menace par l'instauration d'un système adéquat de sécurité, établi sur un nouvel ordre international. En tout cas, il n'y a eu ni plus ni moins de sécurité mondiale ou régionale. De même qu'il n'y avait pas eu moins de dangers après la Seconde Guerre mondiale. Ni plus de sécurité après la guerre froide entre les deux blocs. Ni moins de dangers après la guerre asymétrique du 11 septembre 2001.

A propos des changements dans le système d'ordre international, il faut noter que les menaces pesant sur la sécurité mondiale, nationale et régionale non seulement ne diminuent pas, mais évoluent en qualité et en ordre de grandeur. La nature de l'affrontement géopolitique entre stabilité et déséquilibre, ordre et chaos, s'est radicalement modifiée.

Nous devons prendre conscience du fait que le terrorisme, l'extrémisme et le séparatisme ne représentent que les symptômes visibles des maladies internes de l'humanité. Cette pathologie n'est pas de celles qu'on peut soigner seul ; elle exige une consultation collective de tous les pays et associations de pays. En outre, elle demandera aux uns certains sacrifices, aux autres de la bonne volonté et de l'apaisement. Seuls un compromis bilatéral entre les riches et les pauvres, la prise en compte des causes de la « révolte » de la nature qui a des effets destructeurs sur le monde entier, la volonté commune d'éliminer les vraies causes des agressions et des conflits armés nous permettront d'envisager une mondialisation positive et la liquidation de la terreur sous toutes ses formes.

A propos de l'Asie centrale et de la région de la Caspienne, il est à la mode de parler de « seconds Balkans ». Ce qui, d'ailleurs, a failli être vrai. Je pense qu'en l'occurrence il n'y a pas lieu de dramatiser ni de courir après un sensationnel à bon marché. Jetons un coup d'œil sur la brève période historique ouverte par l'indépendance des pays d'Asie centrale. Malgré le chaos qui a suivi le temps de la « parade des souverainetés » et l'inexpérience en matière d'action pacificatrice à l'échelon international, ces Etats offrent des exemples impressionnants de diplomatie contribuant à la sécurité de la région, pour le plus grand bénéfice de la stabilité et de la paix.

Le potentiel pacificateur de l'Asie centrale est assez fort pour que nous ne tombions pas dans les extrêmes. En dépit de quelques situations de crise, nous pouvons légitimement confirmer l'absence d'agressivité de nos peuples et leur attachement majoritaire à la paix. Même au Tadjikistan, qui a connu la guerre civile, la catastrophe a pu être évitée grâce à un accord civique réglant pacifiquement les problèmes internes à la société. Cela concerne une question aussi délicate et complexe que celle des frontières des pays de la Communauté des Etats indépendants (CEI), question restée en suspens après le démembrement de l'URSS. Les faits restent les faits. Dans de nombreuses régions du monde, ce problème a conduit à des dénouements tragiques, et plus d'une fois. Au Kazakhstan, la délimitation des frontières s'est effectuée exclusivement par la voie pacifique, sur la base de procédures en bonne et due forme et de négociations diplomatiques.

Le Kazakhstan est un des rares pays de la CEI et de la région centrasiatique à n'avoir connu ni les horreurs de la guerre civile ni le marasme des troubles sociaux. Nous n'avons pas été touchés par les déchaînements du terrorisme, de l'extrémisme et du séparatisme. Nous n'avons pas subi tous les malheurs qu'annonçait l'époque trouble qui a suivi notre accession à la souveraineté.

Nous avons résolu nos problèmes intérieurs de

façon pacifique et non violente. Nous avons parfaitement compris que les Etats peuvent toujours trouver des terrains d'entente à condition de fonder leurs relations sur la confiance. Si effectivement la guerre est la poursuite de la politique par d'autres moyens, cela signifie que la politique initiale était un fragile échafaudage construit sur des principes non rationnels. Quand une politique repose sur une authentique volonté d'apaisement, elle a toutes les chances d'aboutir à des résultats conformes à ses principes. Les efforts fournis depuis plusieurs années par le Kazakhstan pour le règlement des conflits et l'organisation à Almaty du premier sommet de la Conférence sur l'interaction et les mesures de confiance en Asie (CIMCA) – le plus grand forum pacificateur de notre région et unificateur des pays eurasiens – en sont la preuve indiscutable.

Le dernier témoignage en date des aspirations non agressives de nos peuples est la signature du traité de délimitation des frontières du Kazakhstan et de l'Ouzbékistan. Récemment encore la presse mondiale et régionale montait en épingle cette affaire lourde de tensions pouvant dégénérer en une confrontation entre Etats. Celle-ci n'a pas eu lieu. La question a été résolue exclusivement par la voie pacifique. Et ce n'était pas la seule ni la dernière pierre d'achoppement entre les pays des régions de la Caspienne et de l'Asie centrale. J'espère d'ailleurs que tous les différends, sujets de conflits entre les Etats et les communautés, pourront être réglés de la même façon, car un tel esprit de tolérance caractérise de nombreux dirigeants de notre région.

J'ai donc toute raison de contester la justesse de la

théorie des seconds Balkans. Pas de place ici pour la candeur et la politique-fiction. Les menaces contre notre sécurité régionale et nationale sont assez nombreuses, et leur caractère n'a pas changé. Personnellement, je continue à penser que seule une politique de paix basée sur le compromis et la confiance réciproque peut être un outil efficace pour consolider le régime pacifique que le Kazakhstan s'est construit pendant toutes ces années. Qu'il en soit ainsi à l'avenir !

RUSSIE
Volga
Ob
Kyzyljar
Kostanaï
Kokchetaou
Roudnyï
Pavlodar
Oral
Irtych
Astana
Semeï
Aktöbe
Oural
Karagandy
Oʟskemen
Ateraou
KAZAKHSTAN
Lac Zaisan
Djezkazgan
Balkhach
Lac Balkhach
Aktaou
Baïkonour
Mer d'Aral
Taldikorgan
Kyzylorda
Mer Caspienne
Syr-Daria
Almaty
Noukous
Tchimkent
CHINE
Bichkek
Tachkent
KIRGHIZSTAN
Tarim
OUZBÉKISTAN
Och
TURKMÉNISTAN
Boukhara
Amou-Daria
Samarcande
TADJIKISTAN
Achkhabad
Douchanbé
Mary
IRAN
500 km
AFGHANISTAN
PAKISTAN

CHAPITRE I

L'empire de la peur et la rhétorique de la terreur

Les adultes que nous sommes ne trouvent rien d'étonnant à ce que les petits enfants aient peur de l'obscurité et de la nuit. Car nous les craignons un peu nous-mêmes, et ce n'est pas seulement du fait que les impressions d'enfance demeurent vives en notre mémoire.

En effet, là où finit la connaissance saine commence l'imagination malade. Nous avons tous pris conscience du danger inhérent au terrorisme, au séparatisme, à l'extrémisme et à l'intolérance. Presque chaque jour, les médias relatent telle ou telle manifestation du terrorisme. Nous en prenons acte, mais – et ceci est surprenant – l'homme ne peut résister à la tentation de dépasser les bornes de la connaissance. Sur la base des informations reçues, l'imagination produit en nous des tableaux de manifestations virtuelles de terrorisme qui jusqu'alors n'avaient pas trouvé place dans nos têtes. Notre imagination nous fait conjecturer ce que la réalité n'a pas encore inventé. Des scénarios de films, des descriptions dans les livres, des articles thématiques de la presse nous dépeignent les variantes de cauchemars qui ne se sont pas encore réalisés, à commencer par l'invasion virtuelle de vrais terroristes jusqu'à Armageddon. Certaines de ces chimères sont déjà devenues réalité, d'autres restent dans le domaine des hantises diurnes ou nocturnes.

Posons-nous cette simple question : le terrorisme se manifeste-t-il fortement et nettement dans notre vie courante ? La plupart des citoyens répondront pas du tout. Pour la majorité des gens, la probabilité est bien plus grande de perdre la vie dans un accident d'automobile, dans une bagarre de rue ou pour cause de maladie que par suite d'un acte terroriste. Pourquoi l'homme est-il pris de panique quand on parle de terrorisme et éprouve-t-il seulement quelque appréhension quand on lui tend la statistique bien plus lugubre des victimes de la route, alors que nous avons affaire quotidiennement aux autos, et que les gens ne connaissent, le plus souvent, la terreur que par ouï-dire, par les médias ? Pourquoi, en effet ?

Hélas, il n'y a pas de secret. La réponse est banale. Comme l'enfant qui craint le noir impalpable et mystérieux, nous aussi sommes effrayés et accablés par la menace imprévisible et subite émanant de toute action que nous appelons terroriste. Aléatoire, le terrorisme inspire ce sentiment bien réel d'effroi, qui gagne tout le monde et est ressenti comme une menace imparable et fatale. D'autant plus que l'heure et le lieu où il va frapper sont inconnus.

Qu'est-ce que le terrorisme ? Qui en est porteur ? Quels en sont les buts ?

Il existe aujourd'hui quantité de définitions du terrorisme. Certaines en font un phénomène social, ce que d'autres contestent d'un ton péremptoire. Quoi qu'il en soit, si l'on veut en parler, il faut bien essayer de le cataloguer.

Le terrorisme se fonde sur une idéologie préconisant l'emploi de la violence pour atteindre des objectifs. C'est un système d'actions, mais pas d'opinions ni d'idées, car il n'est pas une fin en soi. En tant que tel, il ne représente pas une force sociale importante, mais comme forme d'action il a une efficacité et une rigueur remarquables. Cela signifie que le terrorisme accompagne des idéologies, dans la mesure où celles-ci sont imparfaites ou déficientes. Cela se produit dans deux cas : soit la violence est déjà à la base d'une idéologie en tant qu'orientation programmatique, soit l'idéologie est si insuffisante qu'elle ne peut atteindre ses objectifs sans la violence.

Un substrat explosif d'idées racistes et nationalistes favorise la propagation du terrorisme. A coup sûr, le nationalisme sous toutes ses formes favorise le développement du terrorisme, qui peut lui servir d'arme pour affirmer la supériorité d'un groupe national sur un autre. En règle générale, le nationalisme attise les tendances séparatistes. Les vecteurs de diffusion du nationalisme peuvent aussi bien être des groupes ethniques en quête de souveraineté que des groupes s'y opposant.

Le fondamentalisme religieux est souvent considéré comme une cause du terrorisme dans le monde contemporain. Au sens propre, le fondamentalisme signifie la volonté de rester attaché aux principes originels d'une doctrine, d'éliminer les déviations qu'elle a subies lors de son évolution. Notons qu'actuellement l'extrémisme et le terrorisme islamistes se sont beaucoup développés, bien qu'il n'y ait aucune agressivité dans l'islam même. Nous en reparlerons.

Le radicalisme politique, bien sûr, peut être un facteur favorisant le terrorisme. Toutes les formes de radicalisation des esprits dans une société activent la radicalisation des moyens et des méthodes que certains groupes utilisent pour parvenir à leurs fins. Sur ce plan, le terrorisme peut se définir comme un produit du radicalisme de droite comme de gauche. Dans la mesure où il est déjà en soi un acte destructeur et l'expression extrême du radicalisme politique, ses effets vont peu varier quelle que soit la position du groupe sur l'échiquier politique. On peut dire que si le radicalisme politique s'en tient à la critique, le terrorisme, lui, tue.

Il est clair que, quelles que soient les causes géopolitiques produisant le terrorisme incarné par des individus ou des groupes, il a définitivement échappé au contrôle des puissances mondiales et régionales. Autrement dit, l'existence des contradictions entre Etats et groupes d'Etats et leur exaspération affaiblissent les institutions internationales qui pourraient se charger de coordonner la lutte contre le terrorisme. Dans le monde contemporain, les problèmes de la sécurité universelle et régionale sont de plus en plus à l'ordre du jour. Il convient de mentionner, à cet égard, la naissance de nouvelles structures destinées à contrer les menaces pesant sur l'existence de l'humanité.

En outre, le terrorisme peut être considéré comme la séquelle de conflits armés entre Etats. Ainsi le terrorisme actuel peut-il être aussi bien la conséquence d'une confrontation armée que sa cause. Je note en particulier que la probabilité d'actes terroristes augmente là où les flux migratoires sont mal contrôlés. Par exemple, des groupes extrémistes peuvent très bien être envoyés sous le camouflage de réfugiés dans des territoires pacifiques où ils se livreront à des activités subversives. Ce problème gagne en acuité dans le cas de frontières perméables.

Tout le monde sait qu'on assiste à un déséquilibre croissant dans le développement des régions du monde. De même, le faible développement de certains Etats favorise la montée du mouvement social. Or il est sûr que l'insuffisance de protection sociale stimule l'apparition du terrorisme. De toute évidence, un fort chômage, de faibles revenus, l'absence de perspectives contribuent à accroître les tensions dans une société.

Le terrorisme se répand grâce au niveau d'organisation élevé de ses groupes. C'est justement leur activité qui leur permet d'avoir une certaine influence localisée, mais aussi de faire la propagande de leurs actions, recrutant ainsi des partisans. Les mouvements terroristes ont la possibilité de former leurs membres à la lutte armée. En outre, ils peuvent gagner à leur cause des gens en les intéressant matériellement. On sait que le terrorisme a ses sponsors.

Ainsi la mondialisation des activités terroristes implique-t-elle la formation de groupes spéciaux de permanents et de professionnels. Ils deviennent, pour ainsi dire, des spécialistes de la subversion. Les rangs des terroristes s'enrichissent aussi d'anciens combattants des conflits armés du Kosovo, de Serbie, d'Afghanistan, de Transnistrie, etc. Grâce à leur puissance financière, ils recrutent des mercenaires parmi ceux que l'on appelle aussi des « soldats de fortune » ou les « oies sauvages ».

Evidemment, pour accroître leurs moyens, les organisations terroristes cherchent à dominer le narcobusiness, le racket, la prostitution, le trafic d'armes, la contrebande, les jeux, etc. Elles essaient de contrôler la sphère hautement rentable du trafic d'êtres humains (traite des femmes, vente d'enfants). Elles possèdent une infrastructure bancaire ramifiée qui contrôle les flux financiers, blanchissent l'argent, assurent le soutien d'unités régionales et d'autres organisations.

Le terrorisme résulte donc d'une multitude de causes et d'origines. Il est difficile de dire quelles en sont les principales. Il faut parler de combinaisons déterminées et de leur enchevêtrement selon les régions. En même temps, il convient de ne pas sous-estimer le rôle que jouent dans la propagation du terrorisme les facteurs étatico-politiques et géopolitiques. Les contradictions et les conflits interétatiques contribuent à accroître l'intérêt de certains Etats dans l'utilisation du terrorisme comme moyen d'affaiblir leurs concurrents. Les formes et la nature de l'action terroriste vont alors s'adapter.

Une simple analyse des processus se déroulant dans le monde à la fin de 2001 et dans le premier semestre de 2002 montre que le niveau du terrorisme s'élève. Pour les seuls huit premiers mois de 2002, on enregistre dans le monde 390 actes de terrorisme (tuant 4 776 personnes), c'est-à-dire dix fois plus que pour toute l'année 2001. L'indice d'activité terroriste de cette période a dépassé les chiffres de 1992, 1994, 1996 et 1997.

Après la tragédie de septembre 2001, les Etats-Unis ont pris des mesures sans précédent contre le terrorisme. Presque tous les Etats du monde se sont mobilisés contre cette menace. Néanmoins, l'année qui a suivi a montré que le terrorisme est si fort qu'on ne peut résoudre ce problème à court terme, même en activant les canaux militaires et diplomatiques. Le potentiel du terrorisme reste intact, il répond par une résistance adaptée aux mesures antiterroristes globales. Les événements d'Indonésie ont encore fait monter cette statistique. Le drame de Moscou en 2002 ouvre une nouvelle page du martyrologe tragique.

Nombreux sont ceux qui, de nos jours, disent que la pauvreté est la cause principale du terrorisme. Cependant on ne peut ramener un problème aussi complexe à une seule grande cause. Un rôle énorme revient à l'instruction, à l'échelle des valeurs qu'appliquent les gens. Certains spécialistes parlent de « cycles culturels ». L'homme serait incapable de sortir du cadre restrictif imposé par son éducation culturelle. Des millions de gens sont pris dans ce piège, véritable « incubateur » d'agression et de xénophobie.

Le terrorisme n'est pas une invention du siècle passé. De tout temps, il a empoisonné l'histoire de l'humanité, mais c'est au tournant du troisième millénaire qu'il a acquis une nature et des proportions menaçantes. En un sens, le terrorisme rappelle l'ancien type de guerres territoriales, dans la mesure où il se caractérise aujourd'hui par l'extension de ses zones d'influence et la création d'enclaves entières d'instabilité.

L'idée que les racines du terrorisme se situent dans telle ou telle religion ne résiste pas à la critique, pour la bonne raison, on l'a vu, qu'il constitue un instrument utilisable par n'importe quelle idéologie. Sinon, il nous faudrait taxer de terroriste le catholicisme, car en Irlande du Nord, par exemple, la ligne de fracture suit aussi celle des religions.

Le terrorisme a aussi des causes psychologiques profondes. Sans cela, on n'expliquerait ni les massacres d'écoliers par leurs camarades aux Etats-Unis, qui plus est dans un milieu culturellement et ethniquement homogène de petites villes prospères, ni le massacre de parlementaires dans la Suisse pacifique.

Pour généraliser, on peut dégager une loi fondamentale : il y a, à la base, l'inégalité du développement, qui engendre dans différents systèmes culturels une forte réaction, cyniquement exploitée par les terroristes sous la forme la plus agressive. Qui ne voit cette loi aujourd'hui pose une bombe à retardement pour l'avenir.

Ainsi le terrorisme actuel a-t-il pris un caractère de masse ; il possède une structure organisée, son propre système de financement et ses états-majors extraterritoriaux qui coordonnent les activités de nombreuses organisations aux objectifs en apparence totalement différents. Il est bien évident qu'en reconnaissant le caractère international du terrorisme actuel, nous devons en déduire la nécessité d'une coordination elle aussi internationale, seule capable de combattre efficacement ces manifestations qui menacent la sécurité, à tous les niveaux, de la communauté mondiale.

Cette coordination existe depuis assez longtemps au plan international et on constate qu'une importante expérience de résistance au terrorisme a ainsi été accumulée. Il est utile d'en tirer quelques idées-force pour la lutte de la communauté internationale contre l'internationale de la terreur :

– se préparer à une longue épreuve de force pour combattre le terrorisme dans les foyers les plus probables de sa propagation ;

– résister au terrorisme et à d'autres phénomènes sociaux négatifs grâce à la création d'un espace unique de sécurité, rendu possible par l'intégration socio-économique profonde et l'établissement d'institutions sécuritaires continentales spéciales ;

– créer un système échelonné de sécurité, c'est-à-dire trouver la combinaison optimale des structures et des systèmes sécuritaires nationaux, renforcer l'interaction et l'interdépendance entre ces systèmes ;

– instituer des formes stables de dialogue entre les pays où l'on observe un regain d'activité terroriste. C'est une stratégie des plus complexes, dont on ne saurait dire aujourd'hui qu'elle a pris corps. Parlons d'un simple processus embryonnaire. A titre d'exemple, on peut mentionner la Conférence sur l'interaction et les mesures de confiance en Asie (CIMCA).

Il me semble que la coalition antiterroriste est jusqu'alors l'institution la plus valable face au terrorisme à l'échelle mondiale. En mars et avril 2002, les Etats-Unis ont reçu 46 déclarations multilatérales de soutien, notamment de la part de l'ONU, de l'OTAN, de l'OEA, de l'ANZUS. Dix-sept Etats ont envoyé plus de 16 500 soldats dans la zone de responsabilité du commandement central des Etats-Unis ; 136 pays ont proposé une aide militaire sous diverses formes ; 142 Etats ont promulgué des décrets ou des lois pour geler les actifs d'organisations soupçonnées de soutenir les terroristes ; 190 pays se sont déclarés prêts à faire de même. A compter du 11 septembre 2001, on a arrêté environ 1 000 agents d'Al-Qaida dans plus de 60 pays.

La tactique militaire de la coalition antiterroriste consiste – par exemple, sur le théâtre des opérations en Afghanistan – à utiliser ses forces principalement pour des frappes ponctuelles de missiles sur les bases des terroristes. On comprend aisément que la stratégie des Américains visait, pour l'essentiel, à éviter une campagne longue et en profondeur. L'accent était mis exclusivement sur de brèves opérations offensives soigneusement planifiées.

Comme il fallait s'y attendre, les forces armées de l'OTAN ont été le fer de lance de la coalition antiterroriste. De fait, les attentats du 11 septembre 2001 ont été considérés comme une attaque militaire globale contre l'Alliance atlantique. Pour la première fois de son histoire, il a été appliqué l'article 5 de la directive sur la sécurité collective du traité de 1949, selon lequel une attaque contre un de ses membres engage l'Alliance dans son ensemble à prendre des mesures contre le pays agresseur.

La participation effective de l'OTAN consiste à déployer sept systèmes de contrôle de défense antiaérienne et son groupement naval en Méditerranée orientale, à impliquer ses alliés et partenaires dans les opérations militaires contre les talibans, de même qu'à contribuer à la restauration de l'économie et de la sécurité en Afghanistan.

Dans une de ses résolutions, le Conseil de sécurité de l'ONU a considéré l'action militaire menée par les forces de la coalition antiterroriste comme conforme à sa charte. Selon l'article 51 de ce document, en cas d'attaque armée contre un membre de l'ONU, celui-ci a droit à une défense individuelle ou collective. En septembre et novembre 2001, le Conseil de sécurité a adopté deux autres résolutions précisant certains aspects de sa politique antiterroriste. Conformément à celle du 28 septembre 2001, l'ONU a obligé les Etats à prendre toutes les mesures visant à couper la source de financement des actes terroristes, ou autres dispositions allant dans ce sens. Un comité spécial antiterroriste a été institué par le Conseil de sécurité afin qu'il puisse contrôler l'application de cette résolution.

L'Organisation pour la sécurité et la coopération en Europe (OSCE) tient aujourd'hui pour une priorité la nécessité de poursuivre la lutte contre le terrorisme en renforçant la coopération des organisations internationales et régionales. A titre d'exemple, cela a abouti à un accord sur la création d'un forum permettant d'assurer la coordination régulière de cette coopération. On a donc toute raison d'affirmer que l'expérience de cette évolution de l'OSCE en structure contribuant à la sécurité continentale sera très utile pour la formation d'un organisme semblable dans la région asiatique.

L'importance de la CIMCA, dont le premier sommet a eu lieu en juin 2002 dans notre métropole méridionale d'Almaty, se voit dans le fait même de sa constitution, qui démontre combien cette région requiert une plus grande attention. Je remarque avec plaisir que ce premier sommet au Kazakhstan a marqué une avancée considérable dans la création d'un système efficace de résistance au terrorisme sur le continent asiatique. Il a d'ailleurs acquis une signification particulière en raison du contexte international.

D'abord, le sommet de la CIMCA a, pour parler en termes symboliques, scellé l'acte fondateur de la coalition eurasienne contre le terrorisme. Les pays d'Asie, qui ont atteint un haut niveau de confiance mutuelle, ont réaffirmé leur attachement aux principes du combat antiterroriste. L'acte d'Almaty – document final du sommet – dit que les pays membres de la CIMCA condamnent sévèrement et sans ambiguïté le terrorisme sous toutes ses formes, ainsi que le soutien qui lui est apporté ou sa reconnaissance tacite, et également l'incapacité de le condamner ouvertement. La lutte contre le terrorisme doit être, dans sa nature et son niveau, globale, totale et conséquente, et non pas sélective et discriminatoire. On note avec satisfaction que, dans la foulée, on a exprimé la volonté d'œuvrer à l'élaboration de la Convention universelle sur le terrorisme international.

Sur ce plan, on constate aussi d'autres résultats positifs. Ainsi le sommet de la CIMCA s'est-il tenu au moment d'une brutale aggravation de la situation en Asie du Sud à cause de la tension entre l'Inde et le Pakistan et, comme bien des gens l'ont remarqué, après la rencontre d'Almaty, le président du Pakistan et le Premier ministre de l'Inde ont baissé considérablement le « ton belliqueux de leur rhétorique ».

Par ailleurs, il serait inexact de présenter un bilan des mesures prises contre le terrorisme au plan international comme exhaustif si on ne prend pas en compte les efforts faits dans ce domaine au plan régional. Il faut mentionner l'action de la CEI, de l'Organisation de coopération de Shanghai (OCS) et de l'Organisation du traité de sécurité collective (OTSC). Bien que ces organisations, auxquelles le Kazakhstan prend une part directe, ne soient pas encore devenues pleinement des organisations internationales et qu'elles soient considérées comme contribuant à la consolidation régionale, elles ont pris néanmoins des mesures concrètes significatives pour renforcer leur statut antiterroriste.

En particulier, le problème du terrorisme a été l'un des axes de la coopération des pays de la CEI. En juin 2000, les dirigeants de ces pays ont entériné, lors du sommet de Moscou, le programme de lutte contre le terrorisme international et autres manifestations d'extrémisme pour la période allant jusqu'en 2003, et la résolution de création du Centre antiterroriste.

Ce centre de la CEI a pour vocation de devenir une institution agissant réellement dans le cadre de la Communauté. Pour l'instant, il se consacre surtout à des travaux analytiques. Sa composante pratique et organisationnelle n'a pas encore de cohérence systématique suffisante, même si par ailleurs des mesures concrètes y sont prises. L'adoption de la directive sur le dispositif d'organisation et de réalisation de mesures antiterroristes communes sur le territoire des Etats membres de la CEI doit stimuler leur lutte contre le terrorisme. Le Centre antiterroriste de la CEI a élaboré un projet de document, qui est actuellement mis au point par les experts des pays membres.

En ce qui concerne l'OCS, on note un certain scepticisme quant à ses perspectives depuis l'écrasement des talibans en Afghanistan par les forces des Etats-Unis et de leurs alliés de l'OTAN, et de la coalition antiterroriste. Cependant, la rencontre de juin 2002 à Saint-Pétersbourg a un peu atténué ces doutes. Notons que l'ambassadeur de l'Inde en Russie a formulé, peu avant le sommet, l'éventualité de l'entrée de son pays dans l'OCS. Nul doute que dans ce cas celle-ci puisse devenir la structure sécuritaire la plus puissante du continent eurasien. Cela signifierait une progression significative de l'OCS en Asie du Sud-Est, où une harmonisation de la coopération avec les pays de l'ASEAN offre de riches perspectives. Au total, il me semble que le renforcement de l'OCS peut favoriser l'intérêt des pays musulmans ou non musulmans de la région pour cette organisation.

J'ai donc jugé indispensable cette incursion détaillée dans la chronologie et les structures actuelles du système international et régional de sécurité, avec un seul objectif, très important : souligner que la lutte contre le terrorisme, l'extrémisme et le fondamentalisme ne peut être effective et radicale que grâce à une coordination mutuelle et à des actions concertées au niveau international. C'est seulement dans ce cas que la lutte antiterroriste sera pragmatique. Sinon, menée isolément et sans concertation, elle rappellerait une scène célèbre où un don Quichotte symboliserait l'antiterrorisme face au terrorisme international dans le rôle du moulin inébranlable et imprenable.

Pour revenir aux racines des préoccupations actuelles, des actes relevant du terrorisme politique ou de l'extrémisme confessionnel sont à la base de nombreux événements de l'Antiquité et des siècles anciens. L'histoire de Rome ressemble plus souvent à une chronique du terrorisme politique fondé sur les prétentions exorbitantes des patriciens et les ambitions personnelles des consuls. Les campagnes d'Alexandre le Grand ont commencé par un acte de terreur : l'assassinat de Philippe, roi de Macédoine, dans l'ancienne cité d'Aigai. En 1914, le terroriste bosniaque Gavrilo Princip a assassiné l'archiduc François-Ferdinand, ce qui fut à l'origine de la Première Guerre mondiale. Bref, du régicide traditionnel aux pirates et aux conquistadors, aux cités grecques, à Rome, aux empires asiatiques, à la conquête de continents et de territoires, partout ce ne furent que flambées ou actes isolés de terrorisme et d'extrémisme.

Comme vous le voyez, dès que l'homme veut faire l'original, il ne remarque plus qu'il use de méthodes ordinaires. A peu près la même chose se passe avec les nombreux originaux qui, pour traiter un sujet quelconque, se lancent, sans s'en rendre compte, dans la pratique routinière et rebattue de la narration et cèdent à la tentation de l'historicisme. C'est ainsi que certains chercheurs qui écrivent, soi-disant, sur le terrorisme en Asie centrale veulent montrer leur science en prétendant que celui-ci aurait de profondes racines et qu'il prendrait sa source dans... la grande route de la Soie. En ces temps, des groupes armés auraient agi en Asie centrale, ils auraient attaqué les caravanes qui empruntaient les voies marchandes traditionnelles, pillé les caravansérails et les campements de pacifiques nomades. En résumé, ils auraient *terrorisé* à qui mieux mieux les habitants et les marchands ambulants. Bref, le tableau serait à peu près le suivant : nous, en Asie centrale, « nous non plus, nous ne sommes pas à la traîne », nous aussi avons de vieilles traditions de terrorisme avec une histoire longue et riche.

Soit, je ne saurais dire si notre région est particulièrement bien lotie sous ce rapport. On peut tirer de l'histoire séculaire de l'Asie centrale une masse de faits qui, sans être des signes précurseurs, sont de vrais actes de terrorisme et d'extrémisme. Il me semble toutefois que parer de joyaux historiques un phénomène tel que le terrorisme et, qui plus est, le couvrir d'un faux brillant de traditionalisme est aussi absurde que dangereux.

Bien sûr, les zones sombres de l'histoire se prêtent toujours à des interprétations les plus diverses, mais les faits restent les faits : il faut constater et admettre que la région centrasiatique est aujourd'hui un territoire à haut risque terroriste. D'ailleurs, toutes les républiques de cette région ont été touchées par l'extrémisme et le terrorisme au cours de la période de leur formation en Etats indépendants et souverains.

Il n'y a pas à ce risque de cause isolée, mais un ensemble de raisons dont chacune alimente négativement le potentiel terroriste global de la région. Ces raisons sont connues et nombre d'entre elles nous parviennent quotidiennement dans le flot d'informations émanant de diverses sources : présence d'un voisinage régional très instable (Afghanistan, Cachemire, Caucase du Nord) ; perméabilité des frontières ; propagation du narcobusiness ; diffusion de l'extrémisme religieux ; intérêts contradictoires des grandes puissances et contradictions entre Etats.

Ces problèmes, loin d'être résolus, ont permis l'apparition en Asie centrale d'au moins trois organisations qu'on peut légitimement qualifier de terroristes ou d'extrémistes. La première est le Mouvement islamiste d'Ouzbékistan (MIO), qui vise la transformation du régime actuel de ce pays en un Etat religieux. Deux autres organisations qui se sont manifestées aussi sur notre territoire kazakhstanais sont le résultat du séparatisme régnant dans le district du Sinkiang-Ouïgoursk : le Comité international de libération du

Turkestan oriental et l'organisation Pour la libération de l'Ouïgourstan.

Le Mouvement islamiste d'Ouzbékistan est le plus actif en Asie centrale. Il essaie en permanence de déstabiliser la situation politique en Ouzbékistan et il a même perpétré un attentat sur la personne du président légitime du pays. La défaite, à Kaboul, des talibans, aux côtés desquels combattaient des membres du MIO, ne signifie pas que ce mouvement soit totalement écrasé. Au contraire, tout porte à croire que le MIO, comme d'autres organisations extrémistes, rétablit peu à peu des structures militarisées et son système de direction. Selon certains renseignements, il procède déjà, dans les montagnes peu accessibles, à une intense préparation militaire de ses combattants, auxquels se sont joints les combattants de nombreuses organisations qui avaient été mises en échec lors de la campagne antiterroriste.

Une autre menace terroriste pesant sur ce qu'on appelle les pays de transit, notamment ceux d'Asie centrale, n'est pas à prendre à la légère. A la différence des pays aux régimes politiques solidement installés et qui jouissent d'une grande stabilité, les Etats de transit sont bien fragiles face à la terreur politique. Un attentat frappant un dirigeant de l'Etat, quelques actions terroristes isolées peuvent déséquilibrer gravement toute la société. C'est un danger qui concerne particulièrement l'Asie centrale.

Par ailleurs, dans cette région, le terrorisme tente de porter atteinte à l'intégrité territoriale des Etats, qu'il s'agisse d'appeler à la création d'un califat unique ou d'encourager un séparatisme ethnique. Pour toutes ces raisons, en Asie centrale, il est indispensable de bien cerner aussi, outre les menaces générales, ces manifestations très alarmantes du terrorisme.

En ce qui concerne le Kazakhstan, face au terrorisme, nous avons quelques avantages par rapport aux autres républiques centrasiatiques. L'un d'eux réside dans le fait que ces républiques, en quelque sorte, enserrent de leur territoire le Kazakhstan, l'isolant ainsi des zones de haute tension de l'Asie qui sont traditionnellement considérées comme les pourvoyeuses en idées et en militants de l'extrémisme et du terrorisme.

De plus, le potentiel de stabilité, qui jusqu'à présent a empêché l'extrémisme et le terrorisme de se manifester au Kazakhstan, lui sert en même temps de bouclier pour préserver son statu quo. Enfin, la grande diversité des religions présentes dans le pays et l'état de concorde civique entre les nations qui le peuplent barrent, dans une certaine mesure, la route à l'extrémisme et au séparatisme religieux. C'est dans ce sens que s'établit une situation illustrée concrètement par la formule « l'unité dans la diversité ».

Cependant, au Kazakhstan, les dangers inhérents au séparatisme et au terrorisme ne sont nullement hypothétiques, mais bien réels, notamment si l'on ne perd pas de vue l'extension du terrorisme international, engendré par la corrélation des problèmes politiques, sociaux et économiques des régions et de la communauté mondiale.

On a vu que sur notre territoire se sont déjà manifestés sporadiquement des membres d'organisations connues à visées séparatistes – le Comité international de libération du Turkestan oriental et l'organisation Pour la libération de l'Ouïgourstan. Je rappelle que plusieurs de nos concitoyens ont été les victimes des séparatistes ouïgours. Une opération anticriminelle a liquidé les assassins membres du mouvement Pour la libération de l'Ouïgourstan. Ce cas n'est pas typique, mais il ne fait pas de doute que les extrémistes tentent de s'implanter sur notre territoire.

Comme le prouve sa situation relativement stable, il n'existe pas de mouvements ouvertement séparatistes capables de mettre vraiment en péril l'intégrité territoriale de l'Etat ou la concorde entre les nations composant notre société. Toutefois, il y a assurément des variantes exportables de l'idéologie séparatiste, qui peuvent se manifester inopinément à la faveur de n'importe quelles difficultés de politique intérieure ou de quelques problèmes sociaux. Certes, aucun des Etats limitrophes ne conteste l'intégrité territoriale du Kazakhstan, mais cela ne nous autorise pas non plus à ignorer le danger réel propre aux idées séparatistes. Et ce, d'où qu'elles viennent, d'individus ou de groupes extrémistes organisés. Si aujourd'hui ils ne déploient aucune activité particulière, se contentant de déclarations tonitruantes et inconsistantes, il est certain que demain, la situation changeant radicalement, ils chercheraient à mettre en œuvre leurs idées destructrices.

De toute façon, il ne faut pas se voiler la face : toutes les formes de politisation de l'ethnicité, même exprimées simplement au niveau des symboles, portent en elles, dans la réalité du Kazakhstan, un fort potentiel d'extrémisme. Et le cas échéant, ce ne sera pas forcément tel ou tel parti ou mouvement qui se livrera à la violence.

Le faisceau des menaces manifestes contre la sécurité nationale et étatique du Kazakhstan, sous l'aspect du séparatisme, de l'extrémisme, du narcobusiness, du terrorisme international, nous force à les appréhender en tant qu'impératif catégorique dans notre stratégie à long terme de développement du Kazakhstan comme sujet indépendant et souverain des relations internationales.

Le fait est que la prise de mesures préventives contre le terrorisme est aujourd'hui une des orientations prioritaires du Kazakhstan pour le maintien de sa sécurité nationale. Bien qu'on ne note pas d'actes terroristes sur le territoire de la république, cela n'exclut nullement la présence de facteurs capables d'inciter certains groupes à appliquer les méthodes du terrorisme. Bien sûr, il serait plus qu'absurde d'attendre que le terrorisme avec ses manifestations pratiques fasse son nid sur notre territoire. La prévention doit se concrétiser en mesures adéquates de réaction aux causes naissantes de conflits sociaux pouvant engendrer le terrorisme et le propager au Kazakhstan.

Le respect de l'égalité interconfessionnelle et des mesures empêchant la déstabilisation des rapports entre groupes ethniques sont le principal garant contre le terrorisme et l'extrémisme qui s'appuieraient sur un quelconque ethnonationalisme, quels que soient les habits dont il s'affuble. C'est pourquoi la nouvelle version de la loi sur les partis politiques exclut totalement la possibilité de former des partis sur une base ethnique et religieuse.

D'autre part, on observe de nos jours l'infiltration sur les territoires adjacents des républiques centrasiatiques d'éléments extrémistes religieux et politiquement radicaux qui appellent au renversement du pouvoir en place, à l'instauration de régimes archaïques, à l'autonomisation de certaines contrées du pays. Une partie des communautés religieuses tombe sous l'influence de missionnaires venant de centres islamiques étrangers et qui prônent l'intolérance religieuse. Cela est particulièrement sensible dans le sud de notre pays. Ainsi, dans la province du Sud-Kazakhstan et dans celle de Dzhambul, on trouve un foyer d'agitation du mouvement radical Tablighi Djamaat qui a créé un réseau de cellules clandestines. Le Khisbyt-Takhrir se mobilise également.

Pour s'opposer à l'importation de l'extrémisme au Kazakhstan, il est hautement nécessaire de réglementer juridiquement le prosélytisme des prédicateurs étrangers. Cela exige, entre autres, un travail plus précis et érudit afin d'expertiser avec compétence la littérature religieuse, en particulier celle touchant aux interprétations non classiques du Coran et de la charia.

La partie kazakhstanaise a travaillé à l'amélioration du Traité de sécurité collective (TSC) de façon à en faire un outil efficace de coopération multilatérale en matière de sécurité. Actuellement, le Kazakhstan, outre son activité dans d'autres unions structurelles, soutient pleinement les mesures prises par la coalition antiterroriste. Conformément aux directives du Programme d'Etat de lutte contre le terrorisme et autres manifestations d'extrémisme et de séparatisme en république du Kazakhstan pour les années 2002-2003, notre pays œuvre en liaison étroite avec les pays proches et lointains, en prenant des dispositions communes dans la lutte antiterroriste.

Pour la seule année 2002, mentionnons notamment

la mise en route, en avril à Almaty, sous l'égide du Centre antiterroriste de la CEI, de la deuxième étape des manœuvres tactico-opérationnelles complexes « Sud-antiterreur 2002 ». En mai, s'est tenue à Astana la session du Groupe de Bichkek de l'OCS, qui a mis au point le projet de création de la structure antiterroriste régionale de l'OCS. En juin, à Atyrau, se sont déroulées les grandes manœuvres « Dabyl » de lutte contre le terrorisme aérien ; en août ont eu lieu des exercices kazakhstano-américains « Balans-Bar » à Kapchagaï. Ajoutons les manœuvres militaires d'envergure « Mer de Paix 2002 » sur la Caspienne, qui ont eu lieu dans la province de Manghistau avec des forces du Kazakhstan et de Russie.

La loi sur la lutte contre le terrorisme, promulguée au Kazakhstan le 13 juillet 1999, a défini les bases juridiques et organisationnelles de l'action devant empêcher l'apparition du terrorisme dans la république. A côté de la loi spéciale, cette action s'appuie aussi sur tout un appareil législatif, le code pénal, en particulier. En février 2002, des modifications et des ajouts ont été adoptés afin d'aggraver la responsabilité des auteurs d'actes terroristes et des personnes coupables d'activités terroristes. Il est à l'ordre du jour de poursuivre la préparation d'actes réglementaires et juridiques nécessaires en cas de situations exceptionnelles ou autres, menaçant la sécurité du pays.

Il est clair que le développement de la toxicomanie et du narcobusiness, qui sont des sources de financement du terrorisme, grèvent l'avenir de nos sociétés. Aujourd'hui, le Kazakhstan est davantage un lieu de transit que de production de la drogue.

D'après les données du ministère de la Santé, le

taux des pathologies dues à l'usage de la drogue est, en 2002, de 334,6 personnes sur 100 000. La tendance peut s'aggraver du fait de la baisse du coût de certaines drogues, ce qui les rend plus accessibles à un cercle plus large de consommateurs. On comprend qu'il faille prendre dès maintenant des mesures d'urgence.

Afin de restreindre les canaux de migration clandestine et la contrebande des drogues et des marchandises, on a temporairement stoppé la délivrance de visas pour études aux citoyens des pays appelés le « groupe du risque ». En même temps, des mesures ont été prises pour réglementer les échanges internationaux d'étudiants, de lycéens et de professeurs avec les établissements d'enseignement du pays. On observe quelques cas d'incursion sur le territoire du Kazakhstan de faux migrants et réfugiés du Caucase du Nord, de membres de mouvements terroristes et extrémistes recherchés par les services internationaux.

La délimitation de la frontière d'Etat du Kazakhstan avec les pays voisins est un processus très important pour stabiliser la situation sur les marges de la république. Elle a été pratiquement terminée en 2002. La protection opérationnelle des frontières d'Etat a été réalisée. Ainsi, des corps et des sections de gardes-frontières du Comité de sécurité nationale (CNS), deux détachements de la police des frontières ont été déployés en plus sur le secteur sud de la frontière ; plus de dix nouveaux postes de passage et des postes de blocage supplémentaires y ont été installés. A l'heure actuelle, on construit trente nouveaux postes de douane dans les provinces du Sud-Kazakhstan, de Dzhambul, de Kyzylorda et de Manghistaou. En outre, il est prévu d'organiser des patrouilles aériennes régulières au-dessus des lieux peu accessibles afin d'y repérer les groupes d'extrémistes et de combattants arrivant des zones de conflits armés, de même que leurs dépôts d'armes et de munitions.

Des mesures complémentaires sont adoptées pour accroître la surveillance de la frontière sur tout le périmètre du territoire et particulièrement dans le sud du pays. A l'époque où existait un danger réel provoqué par les combattants du Kirghizstan et de l'Ouzbékistan, on avait entrepris de fortifier les frontières méridionales. C'est dans ce but qu'ont été créées la région militaire du Sud et trois autres dans les principales directions régionales : Ouest, Est et Centre.

Conformément au plan de mise en œuvre de la stratégie de sécurité nationale pour la période 2002-2005, les gardes-frontières du CNS, des détachements du ministère de la Défense et des troupes spéciales du ministère de l'Intérieur participent ensemble à des manœuvres tactiques destinées à la mise au point d'actions coordonnées sur le terrain montagneux et l'espace désertique des régions frontalières, afin de faire face au terrorisme international et à l'extrémisme religieux.

On voit donc que les organismes d'Etat s'occupent très sérieusement des problèmes du terrorisme et de ses causes. En même temps, dans le prolongement de ce travail, il faut aussi dépasser toute approche formelle dans l'accomplissement des missions antiterroristes. Le niveau d'activité dans les principaux centres de l'extrémisme mondial a tendance à s'élever.

J'ajouterai que jusqu'alors l'instabilité demeure en Afghanistan et sur la frontière indo-pakistanaise ; le conflit du Proche-Orient est loin d'être réglé ; les processus de normalisation qui se déroulent au Caucase du Nord sont difficiles. Le regain d'activité des extrémistes religieux dans les républiques centrasiatiques est inquiétant. Au fond, on est bien obligé de reconnaître qu'aujourd'hui le Kazakhstan est entouré de zones de conflits. Il convient, dans un avenir très proche, de poursuivre la création de structures efficaces de lutte antiterroriste par des avancées en politique étrangère et la mobilisation de nos ressources intérieures.

On peut dire aujourd'hui clairement que tout un arsenal de moyens antiterroristes a été mis en place au Kazakhstan. Néanmoins, il est indispensable de surveiller en permanence, par monitoring et analyses, la bonne santé de chaque organe du système antiterroriste du pays. Les foyers les plus virulents du terrorisme mondial se trouvent maintenant relativement proches du Kazakhstan et, pour cette raison, son apparition directement sur notre territoire n'est pas à exclure.

Dans ces conditions, quelles dispositions concrètes devons-nous prendre pour consolider ainsi que garantir le fonctionnement du système de sécurité du Kazakhstan ? Si nous ne définissons pas nettement au plan législatif la notion d'« extrémisme » et les peines encourues par les personnes employant ses méthodes, l'Etat restera impuissant devant ce phénomène qui est une des conditions préalables du terrorisme.

Nous sommes actuellement fort préoccupés par le développement de la narcodépendance dans notre société, par l'existence de canaux solides d'acheminement de la drogue dans le pays, par le flot incessant de migrants clandestins, conséquence de la faiblesse de la surveillance des frontières au sud, sud-est et sud-ouest du territoire. Ces dernières années, une aide financière et organisationnelle importante a été consacrée à l'amélioration du contrôle frontalier. L'Etat affecte des sommes colossales non seulement à la création d'un système de contrôle physique de la frontière, mais aussi à la mise en place de moyens de contrôle informatiques.

L'expansion de la toxicomanie et du narcobusiness constitue désormais un des plus graves défis à la sécurité du pays. Le Kazakhstan est de plus en plus un lieu de transit pour le trafic des stupéfiants. Or leur production et leur écoulement sont une des premières sources de financement des organisations terroristes. On peut donc craindre que les terroristes emboîtent le pas aux trafiquants de drogue. Les deux phénomènes peuvent être lourds de conséquences pour la république : glissement vers l'anarchie, suppression de tous les acquis sociaux et économiques. Dans les années qui viennent, la lutte contre la toxicomanie deviendra une des priorités absolues pour tous les organes de l'Etat.

La politique migratoire doit s'appuyer en premier lieu sur la prise en compte des intérêts de nos propres citoyens. Dans le monde entier, on repense aujourd'hui fondamentalement les orientations de la politique migratoire. Protéger le marché national du travail, les intérêts économiques de nos concitoyens, faire respecter les règles humanitaires générales, ce n'est pas une mince affaire dans le cadre d'une migration économique croissante de travailleurs étrangers dans plusieurs provinces frontalières.

Il sera prioritaire pour le Kazakhstan de participer activement aux organes sécuritaires et aux processus d'intégration tant au plan régional proche qu'à une échelle plus vaste. Il s'agit de mettre sur pied un système d'actions contre le terrorisme et les autres menaces pesant sur l'Eurasie. Le Centre antiterroriste de la CEI, l'Organisation du traité de sécurité collective, l'Organisation de coopération de Shanghai sont des maillons du système échelonné de sécurité de la région. Nous étudions la possibilité de créer des structures consolidées de sécurité dans la région de la Caspienne.

En dépit des mesures déjà prises, le danger d'une exportation du terrorisme au Kazakhstan se fait aujourd'hui de plus en plus réel. Cela est dû essentiellement à la formation de foyers permanents d'instabilité dans les aires géographiques adjacentes à l'Asie centrale, ce qui veut dire au Kazakhstan aussi. Personne ne peut actuellement garantir que le système de sécurité du pays ne sera pas mis à l'épreuve dans un proche avenir.

Toutefois, le Kazakhstan se trouve dans une situation favorable, car nous prenons le temps d'analyser soigneusement les tendances de la propagation du terrorisme dans le monde et nous avons l'expérience nécessaire pour y parer. En outre, le haut niveau d'activité terroriste dans des régions peu éloignées du Kazakhstan impose de maintenir l'état d'alerte maximale de notre système de sécurité.

CHAPITRE II

Dans la religion, il n'y a pas d'extrémisme

A l'heure où la somme d'informations disponibles dépasse manifestement les capacités de l'homme à les traiter et à les interpréter, de nouveaux dangers surgissent : l'esprit critique est en baisse, on trouve plus commode et normal de penser par clichés. L'audace et l'originalité de la pensée personnelle cèdent peu à peu la place à la pensée de masse ; des communautés entières de gens conforment leur mode de vie et leurs motivations à un choix étriqué de poncifs et de slogans. Il n'y a pas de doute, la vie est plus facile quand on abrite sa fragilité sous l'autorité d'une idée dont la simplicité donne l'illusion qu'elle est forte. L'homme d'aujourd'hui est évidemment bien plus instruit que ses ancêtres, mais, en même temps, plus passif, impressionnable et enclin aux idées reçues, aux formules toutes faites.

Cette faiblesse apparaît notamment là où a lieu une décomposition complète des concepts, ce qui peut entraîner des effets imprévisibles pour l'humanité entière. Par exemple, il existe tout un système de démonstrations, reposant sur une solide base théorique, diffusé par certains politologues pour qui il y aurait déjà ou se profilerait un « clash des civilisations » ou une « guerre des mondes ». Compte tenu des conditions historiques et des tendances actuelles, une confrontation violente des principales religions (par exemple, le christianisme et l'islam) serait aussi fatale que le lever du soleil ou les phases de la lune.

En revanche, on trouve aussi ailleurs une argumentation et un corpus théorique qui ne considèrent nullement une guerre des civilisations comme inévitable ; ce serait même, pour eux, une vue absurde de l'esprit, totalement décalée par rapport à la réalité présente et à l'avenir.

Ces positions contradictoires ont-elles des bases solides ? La réponse dépend entièrement des objectifs que nous nous fixons. Si, pour des motifs passablement abstraits, il nous est profitable de penser que ce heurt est inéluctable et rapportera gros à ceux qui y aspirent, c'est alors un jeu d'enfants de façonner dans le même sens une opinion, cette fois-ci publique et de masse, tout en faisant miroiter la priorité de l'expression démocratique de la volonté populaire sur la justice.

Des formules relativement correctes, qui professaient un radicalisme islamique, ont circulé il y a quelque temps. Elles permettaient de bien distinguer entre d'une part, l'enseignement de l'islam pacifique et, d'autre part, le prêchi-prêcha d'apologistes s'acharnant à déformer et dénaturer ce grand courant du spiritualisme et de foi religieuse. Récemment, toutefois, les formules cherchant à définir tel ou tel phénomène ont totalement changé d'orientation. De plus en plus souvent et avec insistance, un concept d'un sens nouveau, la « menace islamique », perce dans les mass media et même dans les déclarations publiques de certains politiciens.

Il est évident qu'au sens propre la combinaison de ces deux termes exprime un contenu nouveau et prend une signification, à vrai dire, globalisatrice. Il ne s'agit plus maintenant de cas isolés d'extrémisme religieux, de séparatisme ou de terrorisme, mais d'une menace provenant directement de l'islam en tant que courant religieux. Une menace non pas d'un quelconque fanatique ou d'un groupe d'extrémistes, mais de tout un mouvement spirituel que confessent plus d'un milliard de gens dans de nombreux pays en Asie, Europe, Afrique, Amérique du Nord. Il y a eu substitution de concepts, et le nouveau est porteur d'un sens terrible, lourd de conséquences et d'imprévus. Sa facilité d'emploi lui a donné une portée effrayante, et il convient désormais de parler non de menace mythique de la part de l'islam, mais de la nécessité de protéger l'islam lui-même.

Rappelons que, pour tous les peuples, la religion est un moyen et un motif non de conquête, mais de survie. Là où l'idée d'Etat ou d'unité nationale est en crise pour diverses raisons, la religion entre dans l'arène sociale et politique du pays en qualité de force spirituelle unificatrice. En effet, la communauté de foi permet très souvent au peuple de tenir bon dans les moments difficiles de son histoire. Il arrive aussi qu'en cas de répression ou de carence de l'Etat la prééminence de la religion dans tous les secteurs de la vie prenne des formes extravagantes, menaçantes même pour les individus et le peuple, et aussi pour d'autres peuples, voire parfois pour l'humanité. Il en alla ainsi, par exemple, avec les croisades du christianisme, avec les djihads de certains pays musulmans et d'autres manifestations très agressives sur le terrain quasi religieux. Il est clair que ces humeurs belliqueuses traduites en actes concrets n'ont jamais rien eu de commun avec l'idéal pacifique de toute religion fondée sur le principe de l'humanisme et du bien.

Un autre phénomène consiste dans la déformation de l'islam et dans les tentatives de le réinterpréter pour satisfaire des intérêts agressifs ou conforter une position politique. Comme les autres religions à vocation universelle, l'islam ne se cantonne pas dans le domaine religieux, comportant l'enseignement théologique et les éléments cultuels. L'islam est un vaste système qui réglemente et fixe, outre le code de bonne conduite et le mode de vie, le système des valeurs morales et les orientations psychologiques.

L'islam est monothéiste, ce qui suppose Dieu comme entité unique et principe unique. La cosmogonie musulmane a pour base la création du monde par le Dieu unique, modèle que l'on retrouve dans les principales confessions. Ce dogme monothéiste qui est à la base de la plupart des religions contemporaines va de pair avec la thèse de l'unique vraie foi, ce qui aboutit à un refus plus ou moins direct des autres formes de monothéisme. Cela concerne aussi le christianisme.

Une des formes d'intolérance envers les autres religions est le fondamentalisme religieux. Là aussi, je dois remarquer que le concept de fondamentalisme a le même effet falsificateur dans l'islam que dans le christianisme et le judaïsme.

D'ailleurs, à l'origine, le terme de fondamentalisme, au sens où nous l'employons maintenant, n'avait aucun rapport avec l'islam. Il a été appliqué pour la première fois dans les années 1920 à un certain nombre de communautés chrétiennes, comme les calvinistes, presbytériens et baptistes. Ces groupes prônaient activement le retour de la religion chrétienne à ses sources premières (fondamentales), sur les principes de l'unicité religion-civilisation et de la pureté originelle des canons des grands prêtres. Les collectivités chrétiennes fondamentalistes observaient fanatiquement et au pied de la lettre toutes les règles des Saintes Ecritures et se prononçaient pour des principes politico-religieux tirés du texte immortel des Evangiles.

Il faut souligner qu'à la base d'un concept tel que le fondamentalisme se trouve le désir sincère de ses apologistes d'introduire dans la vie contemporaine sous tous ses aspects les idéaux éthiques définis par les sources premières. Ces règles morales primitives, comme celles de l'Ancien Testament, du Coran, etc., doivent nous gouverner à tout moment, le jour et la nuit. Il faut reconnaître que, dans son esprit même, chaque religion porte la marque d'idéaux radieux et d'une haute moralité. Malheureusement, l'observance absolue des principes religieux dans la vie quotidienne est élevée par les fondamentalistes au rang d'impératif catégorique et elle doit s'appliquer à toutes les couches de la société civile, ce qui ne satisfait pas aux principes du pluralisme politique. Qui plus est, les fondamentalistes mettent en œuvre leurs directives la baguette à la main, allant parfois jusqu'à user des formes les plus agressives pour arriver à leurs fins.

Nous devons comprendre qu'il est inacceptable d'imposer la priorité des principes tirés des sources premières de la religion dans une société démocratique, laïque, civile. D'autant plus que les formes et méthodes d'application choisies par les fondamentalistes sont également inacceptables. Le fondamentalisme étant inhérent à toute religion, il faut admettre qu'il représente en tant que phénomène antisocial un danger qui pèse sur toute société, indépendamment de son appartenance confessionnelle.

A ce propos, il n'y a pas grand sens à focaliser spécialement l'attention sur le danger propre au fondamentalisme musulman. D'autant plus que des tendances fondamentalistes se font jour dans toutes les parties du monde, aux Etats-Unis, en Europe, en Asie du Sud-Est et en Asie centrale, en Afrique du Nord et au Moyen-Orient, et au sein de presque toutes les religions. Etant donné la multiplicité des organisations religieuses reconnaissant les principes du fondamentalisme, on peut dire que la référence persistante à la fusion religion-civilisation comme source d'auto-identification est une des principales tendances globales de l'évolution sociale.

Je ferai remarquer aussi qu'il n'est pas toujours judicieux d'insister seulement sur la tendance destructrice pour la société civile du fondamentalisme, car personne ne peut dépouiller un croyant de son droit naturel de suivre les canons premiers de sa foi dans le respect des normes juridiques et des règles civiles. De même, il est incontestable que tout Etat laïc a le plein droit d'instaurer et de développer des relations sociales et une vie publique à partir d'autres postulats, non confessionnels, dans le respect du droit individuel du citoyen à la liberté de conscience.

Mais il en va tout autrement quand les prédicateurs

du fondamentalisme cherchent à imposer leurs conceptions à l'ensemble d'une société. Quand celle-ci n'accepte pas de se conduire exclusivement selon les dogmes de telle ou telle foi, il se crée une situation conflictuelle entre les courants religieux radicaux et la société civile entière. Cela dit, il est assez fréquent que certaines couches de la société offrent un terrain favorable aux idées fondamentalistes.

A notre époque de mondialisation, l'humanité, si diverse soit-elle, se trouve à un stade d'interpénétration irréversible de toutes les sphères de la vie, économique, politique, culturelle et spirituelle. Ce processus d'intégration forcée porte un caractère pratiquement définitif, inéluctable dans le fond : certaines sociétés voudraient bien se protéger, mais elles n'en ont pas les moyens, tandis que d'autres, en raison de leur développement, ne rencontrent pas d'obstacles majeurs à leur programme d'expansion mondialiste.

La poussée irrésistible vers le développement de la civilisation et de la technique gagne de plus en plus de pays, faisant tourner à une vitesse croissante le volant régulateur de la mondialisation. Quand ils élargissent leur sphère d'influence économique et politique, multiplient leurs débouchés potentiels, les pays développés pensent aux avantages du processus voué à accroître encore sans entraves leur prospérité.

Parallèlement, la mondialisation poursuit un autre objectif : l'extension d'une culture unifiée de consommation et l'introduction de standards de masse parmi les consommateurs potentiels d'autres pays. C'est peu de conquérir des débouchés grâce à l'intégration globale, encore faut-il inculquer aux nouveaux consommateurs un code de conduite face à la nouveauté. Et cela, sans que l'accession à cette culture technologique et à l'unicité des standards de la société de consommation entraîne obligatoirement la perte de l'identité et de la culture nationale.

Dès la seconde moitié du siècle passé, de nombreux futurologues évoquent les graves problèmes générés par la société de consommation occidentale. Les seuils critiques de ce modèle sont évidents, avant tout dans le domaine de l'écologie. La nécessité d'une troisième voie, qui ferait la synthèse du modèle technologique occidental et de la culture orientale, perd peu à peu son statut d'hypothèse théorique pour celui d'impératif pratique. Si paradoxal que ce soit, la société moderne avec ses réseaux d'information se cale organiquement sur des institutions traditionnelles, par exemple, sur les structures familiales dans les sociétés d'Asie du Sud-Est.

Ainsi les processus globalisateurs au Japon n'ont-ils pas mené la société nippone à perdre son originalité culturelle. Au contraire, cette société a su combiner harmonieusement l'imposante strate d'ancienne culture et de traditionalisme conservateur aux tendances les plus modernes de la technologie, et intégrer dans la société le progrès scientifique et technique sans léser le traditionalisme culturel. Une situation presque semblable existe en Chine, qui marie heureusement, dans un modèle original de structures politiques, une impétueuse modernisation scientifico-technique à des principes traditionnels ancestraux. Toutefois, on observe même dans ce pays quelques concessions d'ordre culturel faites à la mondialisation.

La nécessité de telles concessions pour acquérir les bienfaits de la mondialisation convient-elle aux milieux conservateurs de nombreux pays ? Non, à coup sûr. En effet, la peur de perdre une part de l'identité nationale existe, et il faut le prendre en compte – notamment quand il s'agit de sociétés bâtissant leur existence sur un fondement religieux, pour lesquelles, qu'on le veuille ou non, la modernisation technologique renvoie aux avantages d'une société se développant sur une autre base religieuse.

Dans de nombreux cas, les éléments conservateurs de la société peuvent avoir une attitude loyale envers la modernisation politique ou économique engendrée par cette même société. D'autant plus s'ils comprennent que cette modernisation ne menace pas gravement le traditionalisme culturel, puisque les tenants du modernisme sont membres de la même société. C'est différent quand cette idée vient de l'extérieur, apportée par des gens sinon étrangers, du moins d'une culture étrangère. Dans ce cas, la réaction du conservatisme culturel et confessionnel est catégorique : une modernisation issue d'une influence étrangère ne passera jamais.

Cette force justement se nourrit de l'idéologie fondamentaliste, source puissante d'énergie spirituelle. Le pouvoir du fondamentalisme ne vient pas seulement du fait qu'il inspire un bloc important de pensée religieuse d'Etats même laïcs, mais qu'il détermine souvent au fond la vie sociale et politique, voire l'organisation du pays.

L'affrontement violent entre le gouvernement d'un Etat et les fondamentalistes religieux n'est pas une situation rare à notre époque. A l'égard de leur opposition islamique, certains pays pratiquent une politique qu'on peut qualifier de coercitive. Il me semble que des méthodes de lutte telles que l'interdiction de mouvements confessionnels et la persécution de citoyens pour un motif religieux n'apportent pas de résultats. Le refoulement artificiel des passions en matière de religion par la classe dirigeante entraîne sûrement une réaction négative de la part des couches croyantes de la population. C'est à peu près la même chose que de jeter le bébé avec l'eau du bain. Mener une politique rigide envers la religion – l'islam – dans la crainte de manifestations d'agressivité et de tentatives de déstabilisation de la part des fondamentalistes n'a à mon avis ni rime ni raison.

C'est d'autant plus vrai que l'histoire contemporaine montre des exemples concrets de pays où la religion et le pouvoir civil non seulement cohabitent, mais allient harmonieusement les canons de l'islam et les règles de l'Etat laïc dans la conduite du pays. Ainsi, en Malaisie, en Jordanie, au Maroc et en Mauritanie, fonctionnent simultanément une constitution de type moderne, qui régit les relations extérieures de l'Etat, le système bancaire, etc., et la charia qui gère la vie quotidienne des citoyens. La constitution de la république d'Egypte, par exemple, proclame : « L'islam est la religion d'Etat ; la langue arabe est la langue officielle de l'Etat. Les règles du droit musulman – la charia – sont à la base de la législation. »

Il n'y a donc aucune raison de parler d'incompatibilité de principe de l'islam avec les fondements de la société civile. Non seulement parce qu'il serait arbitraire de pratiquer l'amalgame entre une religion et ses avatars éventuels, mais surtout parce que les extrémistes religieux sont réduits à recourir aux méthodes les plus violentes pour lutter contre les interdits religieux, sous le prétexte de défendre, certes, leurs conceptions théologiques, mais aussi la foi elle-même.

De toute évidence, la lutte pour la foi, ciment spirituel de la société, unit énormément plus de gens que n'importe quelle prédication. Cela montre combien il est réellement dangereux de ne pas opérer de distinction essentielle entre interprétation de la foi et la foi elle-même, entraînant, dans quelques pays, la persécution non pas d'extrémistes, mais de membres des diasporas musulmanes. L'expansion de l'extrémisme religieux dans de nombreuses parties du monde et en particulier en Asie centrale nous oblige à considérer plus attentivement ce phénomène, du point de vue de ses causes multiples et aussi des diverses méthodes possibles de politique préventive.

L'extrémisme religieux au Kazakhstan est un phénomène sans grandes proportions ; cependant, nous courons certainement le risque qu'un processus de déstabilisation confessionnelle apparaisse chez nous en fin de compte, si nous n'identifiions et ne prévenions pas à temps cette dangereuse éventualité qui, depuis longtemps, ne figure plus dans la liste des menaces à la sécurité nationale et de l'Etat, un Etat laïc développant sa démocratie et sa société civile. Mais les événements récents, sans confirmer directement le fameux heurt des civilisations, indiquent clairement les tendances alarmantes à l'exaspération des conflits à base religieuse dans le monde entier. Il serait donc extrêmement périlleux de prendre à la légère la possibilité même de l'extrémisme religieux dans notre société multinationale et pluriconfessionnelle.

Je ne voudrais pas noircir le tableau à propos de l'extrémisme religieux en Asie centrale et en particulier au Kazakhstan. Hélas, ces derniers temps, la situation dans la région n'évolue pas favorablement en ce qui concerne les mouvements confessionnels. Les racines du danger ne sont pas à rechercher forcément dans le cadre historique, mais il faut souligner que l'oppression, durant plusieurs décennies, de la foi et de la religion à l'époque soviétique n'a pas été sans laisser de traces et qu'aujourd'hui les séquelles de la politique antireligieuse du siècle dernier se font ressentir.

Les longues années de construction du communisme se sont accompagnées de destruction ou d'abandon de mosquées, d'églises, de lieux saints et d'autres lieux de culte, d'une vive propagande antireligieuse et même de l'anéantissement physique de membres du clergé de toutes les confessions, y compris parmi les musulmans. La situation s'aggravait du fait que les peuples musulmans d'Asie centrale et du Kazakhstan, à l'époque soviétique, percevaient la répression de la foi comme un outrage à leur culture, à leurs traditions et coutumes nationales, fondées sur la religion.

Aussi l'actuel et vigoureux processus de politisation de l'islam n'a-t-il rien d'étonnant. En tant que religion, il connaît de nos jours une renaissance ; il réinstaure ses traditions chez les adultes, mais aussi s'implante dans la conscience de la génération montante. La renaissance culturelle des traditions spirituelles et la restauration de l'héritage ancestral, voilà un mouvement très réjouissant et positif. Mais tout en évoquant l'heureux processus de renaissance de la religion, nous devons aussi signaler les tendances fâcheuses liées à des courants religieux radicaux qui alimentent l'extrémisme.

Il n'y a pas lieu de rechercher ici pour quelles raisons historiques il existe dans le monde une telle disproportion dans le développement économique et politique des pays. C'est un fait que nous considérons depuis longtemps comme une donnée. Je ne vais pas parler des méthodes et mécanismes permettant d'atteindre un certain équilibre entre pays et régions par suite de la mondialisation. La question est trop complexe pour que l'on se contente d'une approximation.

Il convient cependant d'attirer l'attention sur un autre aspect du problème : la perception psychologique de l'inégalité économique et sociale par les couches pauvres de la société et une partie des intellectuels des pays du tiers-monde. Aujourd'hui, la conscience de masse de la population des pays pauvres se laisse guider par l'idée que le monde contemporain n'est pas tant imparfait qu'injuste. Les causes de ce sentiment massif d'injustice se sont créées au fil des siècles et reposent sur le souvenir historique des périodes de la colonisation des pays en Afrique, Asie et Amérique latine. Les guerres coloniales, l'esclavage, la mainmise sur des territoires, l'exportation massive des richesses des pays colonisés, tout cela s'est accumulé insidieusement pendant des siècles dans les consciences et sert maintenant aussi bien de justification du sous-développement que de motif de haine des pays pauvres envers les pays florissants et développés.

Dans la situation de vide idéologique qui s'est créée

après la fin de la guerre froide, on a observé une politisation fulgurante de l'islam dans de nombreux pays musulmans (y compris dans les républiques de l'ancienne URSS). La marche victorieuse des valeurs du libéralisme occidental, qui se traduit par une disproportion croissante dans le développement économique des pays industriels et des pays sous-développés, a enraciné dans la conscience des masses l'idée de l'iniquité de l'ordre actuel du monde. Dans de nombreux pays, ce sentiment d'injustice se superpose à la peur de perdre l'identité nationale et l'identification confessionnelle par suite du succès du mode de vie occidental. Bien des pays d'Asie, ceux qui ont le plus souffert de la colonisation, voient d'un mauvais œil la « westernisation » de leur société.

Toute volonté politique est mise au service d'une tâche concrète et bien déterminée. Et, évidemment, toute tâche n'est pas limitée seulement par son objectif et par le lieu où elle est exécutée, mais aussi par le facteur temps. Ici gît la problématique des programmes dans le cadre desquels les exécutifs cherchent à contrôler ou à gérer entièrement une situation, notamment quand il s'agit d'objectifs ayant trait directement à la géopolitique.

Il n'est plus de mise aujourd'hui, à propos des problèmes contemporains, d'incriminer le passé. Pourtant, c'est un fait : dans une écrasante majorité de cas, les problèmes mondiaux et régionaux actuels sont les conséquences de la guerre froide, cet affrontement bipolaire entre les deux blocs. Pour réchauffer l'« opposition froide », on essayait de raviver des foyers régionaux en réglant des questions d'importance locale, d'influence ou de résistance. Mais le feu couvert, qu'il ait ou non rempli son œuvre, devenait un vrai brasier. Il se transformait en incendie, en une force destructrice incontrôlable. Je n'ai pas l'intention d'établir de longs parallèles, mais on constate que si la lutte antiterroriste actuelle est limitée, c'est qu'elle ne tient pas compte du rapport de cause à effet entre tel ou tel phénomène.

L'activité des groupes extrémistes dépend dans une large mesure du soutien financier d'organisations et de fonds publics provenant de nombreux pays du monde. En ce qui concerne leur encadrement, il s'est considérablement étoffé lors de la longue guerre civile d'Afghanistan. Des organisations s'étaient créées dans des pays très divers pour donner aux moudjahidin afghans une aide en argent, en matériel et en hommes. Après la guerre et l'évacuation des armées soviétiques, les mercenaires étrangers sont rentrés dans leurs pays, arabes notamment. Chez eux, ils sont devenus membres de groupes extrémistes diffusant le djihad. Selon diverses estimations, les combattants d'Allah ayant fait l'apprentissage de la guerre en Afghanistan seraient entre huit mille et quinze mille ; une bonne partie d'entre eux ont participé à des opérations de guerre au Cachemire, en Palestine, en Algérie, dans les Balkans et dans le Caucase du Nord.

Ces moudjahidin sont aujourd'hui le noyau militarisé de presque toutes les organisations extrémistes et fondamentalistes connues et influentes. Par ailleurs un nombre important des terroristes et combattants actuels proviennent des anciennes unités militaires des talibans qui, malgré leur défaite politique et la perte du pouvoir à Kaboul, ont conservé leurs structures organisationnelles et la majeure partie de leurs troupes.

Il ne faut pas en déduire que leur présence constitue l'unique danger de l'extrémisme. Certes, ils peuvent disposer de l'armement et de l'équipement le meilleur, mais en soi leur existence représente une menace moindre que l'idéologie et les idées qu'ils cherchent à mettre en œuvre. Là est la ligne de partage entre le danger potentiel qu'ils représentent en tant que groupes armés et la dangerosité réelle de leur programme d'action à grande échelle.

Aux yeux des extrémistes de tout poil, la terreur est la panacée. Bien souvent, ils n'ont pas eux-mêmes pleinement conscience des conséquences de leurs actes, mais ils ont assimilé l'essentiel : la terreur déstabilise une société, provoque une réaction agressive, engendre un sentiment de mécontentement et conduit en fin de compte au chaos social et aux troubles civils qui, à leur tour, créent un terrain favorable au bourrage de crâne, à l'usurpation du pouvoir par des groupes extrémistes et au chantage exercé pour satisfaire telle ou telle exigence.

On discerne dès maintenant la menace pesant sur la sécurité de la région centrasiatique : l'extension de l'influence de groupes extrémistes et terroristes internationaux. Ces derniers temps, on observe dans les républiques d'Asie centrale une forte mobilisation du terrorisme international dont la tactique vise à ébranler la stabilité politique dans ces pays. On voit donc que dans cette région existent des conditions internes et externes pour un regain d'activité des extrémistes, pouvant aboutir à une déstabilisation générale de la société, à une série de conflits armés directs entre les partisans du changement violent des régimes politiques existants et les défenseurs des principes de non-violence, de concorde interconfessionnelle et de stabilité.

Conduire une politique de paix, ce n'est pas simplement neutraliser un conflit, anéantir l'agresseur ou imposer le pacifisme. C'est aussi mettre en place un système de mesures préventives qui rendent le conflit impossible ou peu vraisemblable. Je prends donc l'idée de sécurité confessionnelle dans son sens le plus large : garantir et soutenir par l'Etat la liberté spirituelle des peuples et des nations, et en même temps s'opposer aux menaces pesant sur la pratique confessionnelle et la concorde entre les religions.

Premièrement, les garanties et le soutien de l'Etat sont indispensables pour assurer la liberté totale de conscience et la liberté de tout citoyen du Kazakhstan, indépendamment de sa nationalité, de célébrer cultes, offices et cérémonies selon les règles de sa religion.

Deuxièmement, en qualité d'Etat laïc, le Kazakhstan donne la garantie qu'il s'opposera aux conflits entre confessions par des mesures appropriées – des décisions de politique intérieure et des initiatives législatives qui ne peuvent comporter des articles de loi et des actes accordant la priorité à une religion au détriment des autres.

Troisièmement, l'Etat mène une lutte efficace et ciblée contre toute manifestation d'extrémisme religieux menaçant la sécurité nationale, la vie et le bien-être des citoyens du Kazakhstan.

Ainsi, le Kazakhstan, en tant qu'Etat laïc, s'en tient au principe de non-ingérence de l'Etat dans les affaires de la religion et, parallèlement, à celui de la non-ingérence de la religion dans la conduite directe des affaires de l'Etat.

Cela ne signifie nullement que l'Etat est indifférent aux problèmes de l'organisation des confessions, ni que les fidèles et la religion ne doivent jouer et ne jouent aucun rôle important, public ou même politique, dans la vie de la société et de l'Etat. Sans pour autant restreindre les droits civiques des croyants, on est obligé de constater que la sécurité confessionnelle peut être exposée à des épreuves en cas de politisation démesurée d'une religion ou d'un mouvement religieux. La formule qui peut et doit ici garantir le statut laïc de l'Etat et l'équilibre confessionnel dans la société est relativement simple : les croyants, évidemment, possèdent les droits civiques et jouissent des libertés démocratiques ; de son côté, la religion, comme principe spirituel avec la liberté de célébrer son culte, n'a pas et ne doit pas avoir de droits politiques, pas plus que la possibilité d'influer sur la volonté politique de l'Etat. Il est hors de doute que le danger de politisation de la religion existe, et il faut le prendre en compte. Pratiquement, pas un seul des gouvernements d'Asie centrale n'a échappé à ce processus, qui détermine la politique et la vie sociale de nombreux Etats dans le monde.

Donc, pour le Kazakhstan, assez stable sous ce rapport, et qui n'exporte pas d'idées destructives, le principal danger menaçant la concorde interconfessionnelle réside dans l'importation de l'extrémisme religieux. D'autant plus que les organisations radicales et extrémistes essaient encore de renforcer leur influence sur la partie musulmane de la population du Kazakhstan et de se fixer sur notre territoire. Fondamentalistes et extrémistes misent sur cette partie de notre population. Mais il faut aussi souligner que le danger concerne également une quarantaine d'autres confessions du pays, qui fédèrent environ trois mille organisations et mouvements religieux. Certes, ces tentatives ont été déjouées, mais il n'est pas sûr que le danger soit passé.

Pour diverses raisons, l'activisme de certaines forces qui cherchent à politiser à l'excès la religion chez nous s'avère infructueux. A quoi est-ce dû et pourquoi l'extrémisme religieux au Kazakhstan reste-t-il au stade de menace, sans passage dans le domaine de la réalité ?

Le rétablissement de la religion, en tant qu'une des grandes composantes de l'héritage culturel, a stimulé puissamment la renaissance spirituelle du peuple kazakh. Pour nous, Kazakhs, l'islam est avant tout un idéal élevé et un facteur déterminant notre conception du monde, un symbole, en quelque sorte, permettant de rendre hommage à nos ancêtres, à la riche culture musulmane, ce qui n'a jamais été menacé d'oubli total.

Pour nous, l'islam, c'est d'abord la possibilité d'expression individuelle. Le respect du peuple kazakh pour les autres confessions est l'arme efficace qui rend absolument impossible toute tentative de concrétiser l'extrémisme religieux, et même tout débat public sur ce thème. La volonté politique ne laisse aucune chance sérieuse à l'extrémisme dans le pays, mais c'est peut-être aussi, dans une plus large mesure, dû à la nature même de la tolérance confessionnelle, et en premier lieu de la part de l'ethnos autochtone du Kazakhstan.

Le Kazakhstan est un Etat laïc, formellement et

effectivement, de par la nature et l'esprit de tout le peuple kazakhstanais, dont la conscience s'est formée sur la base d'une tolérance religieuse historique. Nous sortons de ce qu'on appelle la « transitarité » de notre société dont le but n'est pas de créer un Etat religieux, mais une société démocratique et citoyenne, fondée sur les mécanismes de l'économie de marché et la liberté créatrice de l'homme. La liberté de conscience apporte un sens complémentaire à l'épanouissement de la société, et sous ce rapport la religion ne peut être le but en soi du progrès ; elle n'agit que comme un des éléments du développement politique et social du Kazakhstan.

Toutefois, le risque de l'extrémisme religieux au Kazakhstan n'est pas purement hypothétique. L'essentiel du danger que je mentionne réside d'abord dans une influence subversive de l'extérieur et qui peut provenir des régions proches de l'Eurasie, où l'extrémisme a pris réellement corps. L'agitation remarquée des extrémistes dans les Etats riverains et leur envie de regagner les positions perdues par suite des actions antiterroristes peuvent entraîner une déstabilisation religieuse du pays, notamment dans ses parties méridionales. Cela veut dire que la situation stable et tranquille du Kazakhstan, dans le cadre de la paix interconfessionnelle, n'autorise nullement à passer sous silence ce problème et à ne pas prendre de mesure préventive pour préserver notre régime de tolérance et de loyauté religieuse.

L'action contre l'extrémisme religieux doit être considérée comme un système de mesures, les unes liées directement à cette lutte, les autres indirectes, pour le renforcement du régime de concorde interconfessionnelle et de la stabilité intérieure. A mon avis, il convient de se pencher essentiellement sur des actions préventives, plutôt que de recourir à la force. La politique d'information doit être le premier instrument de cette lutte persuasive.

Le Kazakhstan fait partie d'une immense aire de culture islamique. Les Kazakhs ont confessé l'islam pendant des siècles. L'athéisme a tenté, au cours du siècle dernier, de briser la foi du peuple. En vain, grâce à la force du dogme et à la fermeté spirituelle des générations passées. Après l'accession à l'indépendance, le désir des gens de revenir à leurs sources religieuses était parfaitement légitime. Cette renaissance a été soutenue par l'Etat. Des centaines de mosquées ont été construites dans le pays. De nombreux Kazakhstanais ont suivi des cours dans les centres reconnus de culture islamique. La grande mission humanitaire et morale de l'islam est évidente dans le Kazakhstan d'aujourd'hui. La communauté et les dignitaires musulmans ont une haute idée de la position de l'Etat. Ils suivent pour la plupart l'islam traditionnel des sunnites. Les tentatives d'implanter des conceptions radicales sur le sol kazakhstanais ne rencontrent pas de soutien massif.

La politique d'information doit se composer d'éléments d'une éducation religieuse reposant sur les notions communes aux religions mondiales, en tant que sources de paix et de loyauté. Il s'agit en particulier d'abattre le mythe qui fait de l'islam une religion agressive. Dans le cadre de ces campagnes d'information il convient aussi de mettre en valeur les œuvres intellectuelles et spirituelles d'éminents représentants de la civilisation islamique, comme al-Farabi, Avicenne (Ibn Sina), Ibn Rushdi et Firdousi.

Bien sûr, il est indispensable d'élever le niveau qualitatif de formation dans les établissements religieux – médersas et académies spirituelles. Il n'y a rien de contraire à la loi dans le fait que seuls les représentants kazakhstanais du clergé et de la théologie pourront expliquer le vrai sens des points fondamentaux du dogme et du culte de l'islam, exposés dans le saint Coran, et l'apporter réellement aux croyants. C'est la tâche prioritaire que doivent remplir les représentants des intellectuels et du clergé, qui ont une idée claire de l'islam lui-même et de son histoire.

Il va de soi que de telles initiatives doivent venir des membres du clergé musulman, avec lesquels s'instaurent des relations purement consultatives, fondées sur le principe de la non-ingérence de l'Etat dans les affaires de la religion. Le Coran, livre sacré des musulmans, est d'une grande complexité d'interprétation. Le vrai sens de l'islam n'a jamais varié, mais son texte a prêté aux interprétations les plus diverses selon les époques et les peuples.

Sur le territoire du Kazakhstan, l'islam s'est formé à partir de l'idéologie de l'école religieuse hanaphite et du soufisme. Une des particularités essentielles du soufisme est la souplesse spirituelle qui permet d'adapter les dogmes à l'état des rapports sociaux. Grâce à cette loyauté au soufisme, les Kazakhs, ayant adopté l'islam, ont pu allier la célébration du culte musulman aux rites traditionnels préislamiques. Ainsi les nouveaux convertis n'ont pas eu à renoncer à l'héritage spirituel de leurs ancêtres des tribus nomades turques.

Hodja Ahmed Iassavi, dont le mausolée se trouve dans l'ancien Turkestan, a été l'éminent représentant et le père fondateur du soufisme au Kazakhstan sous une forme qui en fit en quelque sorte une tradition turque. Ses efforts héroïques ont rendu possible la combinaison harmonieuse de l'islam et des coutumes païennes dans le milieu national des tribus kazakhes, et aujourd'hui encore on révère son nom, on visite son mausolée qui est devenu une « deuxième Mecque » pour de nombreux musulmans de langue turque. Il est à noter que le deuxième Kouroultaï (assemblée) des Kazakhs du monde entier en octobre 2002 s'est tenu au Turkestan, qui conserve jusqu'à maintenant l'esprit sacré de Hodja Ahmed Iassavi, symbole de l'unité religieuse du peuple kazakh.

L'évolution et le développement de l'islam ont toujours donné lieu à diverses interprétations, et il n'y a là rien de contradictoire avec la lettre et l'esprit du Coran et de la charia. A cet égard, il me semble que la variante des dogmes islamiques qui s'est imposée définitivement au Kazakhstan ne peut rester fermée à la nécessité de poursuivre avec ses théologiens son développement idéologique et de réformer l'héritage islamique en fonction des conditions actuelles de la communauté musulmane du pays.

Dans quelques pays, l'islam éclairé, qui joue le rôle de médiateur entre pouvoir laïc et croyants dans le processus de stabilisation sociale et politique de l'Etat, continue à se développer. Sous une telle forme pacifique et socialement significative, il est tout à fait possible de réformer l'islam, y compris chez nous, au Kazakhstan.

Il ne faut pourtant pas oublier la lutte directe contre l'extrémisme. Cela concerne avant tout le renforcement de la composante coercitive des objectifs antiterroristes, qui peuvent être mis en échec par suite non seulement d'une diversion idéologique, mais aussi d'une agression directe par des groupes armés de terroristes et d'extrémistes.

Sur ce plan, il est nécessaire de développer la coopération régionale et internationale des services spéciaux kazakhstanais et étrangers, afin de repérer les centres extrémistes et leurs réseaux de financement, et également de prendre des mesures pour s'opposer au transit de la drogue par l'Asie centrale.

Il faut prendre une part plus active aux actions de la coalition antiterroriste internationale. En Asie centrale, les structures politiques régionale de l'OCS, de l'OTSC peuvent être utilisées. En perspective, on pense à la nécessité qu'il y aurait de créer, sur la base de la CIMCA, une ligue continentale de lutte contre l'extrémisme, qui engloberait, outre l'Asie centrale, d'autres régions critiques telles que l'Asie du Sud et le Proche-Orient.

CHAPITRE III

Une zone sous haute surveillance

Qu'y a-t-il de commun entre ce qu'éprouve un homme quand son corps souffre des séquelles d'une maladie ou quand il subit les maux de la société qui l'entoure ? La réponse est assez claire, c'est la douleur. Douleur physique et douleur morale, dans les deux cas, l'homme en tant qu'individu aspire toujours au soulagement ou à quelque remède venant assoupir, ne serait-ce qu'un instant, la sensation permanente de la douleur physique et morale. Or de nombreux habitants de la planète qui vivent dans un état de malaise physique et moral estiment qu'il existe une médecine universelle à cela : la drogue. La toxicomanie, en tant que phénomène de consommation individuelle et de masse, est devenue de nos jours la « carte de visite » caractérisant le comportement de vastes ensembles sociaux appelés « groupes à risque ».

Dans les temps les plus reculés et dans les recoins les plus oubliés de l'histoire, on trouve mention de substances provoquant l'ivresse et les effets de la drogue. Dès la haute Antiquité, le royaume de Sumer, les Aztèques et les Incas, les tribus sibériennes et les peuples de l'Extrême-Orient usaient largement de l'opium, du hachisch et d'autres préparations toxiques à base de matières naturelles, à des fins médicales et thérapeutiques, au cours de la célébration de rites païens et comme passe-temps privilégié pour certaines castes et groupes élitaires. On constate que, dans ces temps anciens, il existait une sorte de réglementation stricte de la distribution et de la consommation assez restreinte ou très spécifique des drogues.

Le siècle passé nous a mis devant un fait accompli et qu'il nous faut prendre en compte : les drogues ont acquis un statut bien plus important. De produits chimiques exposant la santé physique et morale de l'individu, elles sont devenues une menace sociale permanente pesant sur la sécurité de nombreux Etats. En poussant de nombreuses personnes à plonger dans l'apathie et la régression sociale, la consommation massive de psychotropes met en péril l'exercice du principe de développement harmonieux et stable de l'homme.

Chose étrange, l'essor des relations marchandes et commerciales a favorisé la diffusion de la drogue comme produit spécifique de consommation. Objet de plaisir d'une élite et médicament analgésique, la drogue est devenue une marchandise ; obtenue et produite massivement grâce aux technologies industrielles, elle est désormais un article ordinaire répondant à la loi de l'offre et de la demande, au plus « juste » prix.

La consommation massive de drogue et les énormes profits que l'on en tire ont engendré des conflits à grande échelle, depuis la guerre de l'opium, en 1839-1842, entre fournisseurs et consommateurs de la plante stupéfiante, Grande-Bretagne, France et Chine impériale. C'est là que se trouve l'origine du narcobusiness, notion nouvelle de commerce criminel, si populaire aujourd'hui dans la presse.

Comment les besoins de la médecine et du marché ont-ils conduit à inventer de nouveaux narcotiques de synthèse ou de semi-synthèse ? Dans les deux derniers siècles, grâce aux progrès technico-scientifiques, les chimistes ont synthétisé toute une série de nouveaux types de produits : héroïne, cocaïne, amphétamines et autres psychotropes. Les exigences du marché ont provoqué la naissance d'une industrie spécialisée ; la production massive et le haut niveau de consommation ont amené les marchands à mettre au point un système de réseaux fonctionnant en permanence, permettant d'augmenter considérablement les capacités de transport de la drogue et d'en diminuer le coût. Les groupes et syndicats du crime ont accaparé avidement les possibilités de superprofits qu'offre ce business échappant au fisc, facilité par une police corrompue et flattant les plus bas instincts de l'homme.

Un des tristes bilans du XXe siècle, celui de la période florissante du narcobusiness, est bien connu : au début du troisième millénaire, 142 millions d'habitants de la planète fument régulièrement de la marijuana, 30,5 millions consomment des amphétamines et 8 millions ont perdu tout visage humain sous l'emprise de l'héroïne et des opiacés. Et si l'on ajoutait à ces chiffres effroyables les gens qui ne se trouvent encore qu'au seuil du sommeil narcotique ou qui ne consomment que des drogues « douces », ecstasy et autres ? Et si l'on ajoutait à la liste des psychotropes déjà connus la masse de nouvelles drogues en cours d'élaboration ou de développement, fruits du cerveau sain et pratique de pseudo-savants dans des laboratoires clandestins quasi scientifiques ? Combien d'hommes vont encore mourir lentement des nouveaux produits qui compléteront la liste de ceux que l'on connaît, les cent trente types de narcotiques, les cent vingt types de psychotropes et les dix-huit types de ce qu'on appelle les précurseurs ?

Les conséquences sociales et politiques néfastes de la toxicomanie et du narcobusiness ont pris une forme si menaçante et si universelle que l'Assemblée générale de l'ONU a jugé nécessaire, dans sa déclaration politique des 8 et 10 juin 1998, de signaler le danger qu'elles représentent pour le présent et le futur de l'humanité : « La drogue brise la vie des gens, détruit les communautés, sape le développement stable de l'homme et engendre la criminalité. La drogue touche tous les secteurs de la société dans tous les pays ; en particulier, l'abus de drogue porte atteinte à la liberté et au développement de la jeunesse, le bien le plus précieux au monde. Les drogues représentent un sérieux danger pour la santé et le bien-être de toute l'humanité, pour l'indépendance des Etats, la démocratie, la stabilité des nations, la structure de toutes les sociétés, de même que pour la dignité et les espérances de millions d'hommes et de leurs familles... » Derrière ces paroles sèches d'apparence se trouvent la tragédie et la souffrance de l'humanité, une source de pauvreté ou d'enrichissement criminel, de guerres, d'extrémisme et de terrorisme.

Le commerce de la drogue, c'est en fait un Etat dans l'Etat, un empire à l'échelle planétaire, avec ses lois, ses règles du jeu, son armée, sa police, son appareil de direction et ses narcocitoyens – des millions de gens abrutis par la fumée de l'opium et payant des impôts énormes à leur Etat, des gens condamnés à croupir pour toujours dans la misère et les bas-fonds de la société.

La gestion du narcobusiness a pris des formes stables : certaines régions sont chargées de la production, d'autres des marchés et de l'écoulement ; l'ensemble est en mouvement perpétuel et progresse sans cesse – nouveaux produits, nouvelles capacités de production, nouveaux débouchés, nouveaux clients. Cet empire planétaire a trois régions d'« or » : le Triangle d'or (Birmanie, Thaïlande et Laos), le Croissant d'or (Afghanistan, Pakistan et Iran), le Triangle des Andes (Amérique latine). Alors que le Triangle et le Croissant d'or gèrent l'héroïne et les opiacés, les barons de la drogue latino-américains règnent sur la cocaïne.

La production mondiale de cocaïne s'élève aujourd'hui à environ 1 000 tonnes par an. Les plantations de coca couvrent de vastes étendues de l'Amérique du Sud et centrale, du Mexique et des Etats méridionaux des Etats-Unis. La Colombie, qui en détient les deux tiers, surclasse aujourd'hui en volume de production le Pérou et la Bolivie, jadis numéros un et deux de la liste des producteurs. Des tonnes de cocaïne sont acheminées sur les principaux marchés de consommation par les voies les plus diverses : Etats-Unis, Europe occidentale, Japon, Australie...

L'essor du narcobusiness est une véritable tragédie autant pour les principaux pays fournisseurs de drogue que pour les pays gros consommateurs. Par exemple, la Colombie dépense annuellement environ un milliard de dollars pour lutter contre la production de coca et de pavot dans le pays, ce qui est évidemment catastrophique pour son économie. Bien que les autorités colombiennes détruisent chaque année environ 52 millions de doses de cocaïne et 3 millions de doses d'héroïne, les patrons de la drogue, à laquelle sont dévolus presque 500 000 hectares du territoire national, continuent d'encaisser des superprofits.

Ces dernières années, un nouveau fournisseur de cocaïne et d'héroïne, l'organisation criminelle du Nigeria, a connu un boom colossal. Le volume de drogue en provenance de ce pays ne cesse de s'accroître dangereusement et en fera bientôt une nouvelle capitale du narco-empire. Par exemple, en 1997, les agents du CSN (Comité de sécurité nationale) du Kazakhstan, en collaboration avec les services spéciaux d'autres pays, ont découvert et liquidé un des canaux nigérians de livraison de drogue, destinée à l'Europe de l'Est, et qui passait par notre pays.

Y a-t-il nécessité de souligner le danger que représente pour nous le transit actuel et à venir de la drogue par notre territoire ? Ce trafic aggrave considérablement le problème de la toxicomanie dans notre pays, car, en règle générale, une partie de la drogue transportée est écoulée en cours de route. Ce qui nous inquiète n'est donc pas tant le niveau de la consommation de drogue que le volume transitant par notre pays. Seule une lutte acharnée contre ce trafic permettra d'abaisser de façon significative la criminalité dans ce domaine au Kazakhstan, et peut-être même de la réduire à zéro. Il est clair que le danger principal pour nous ne vient pas des canaux du trafic exotique, par exemple de la cocaïne et de l'héroïne nigérianes, mais du flux principal de la drogue provenant d'Afghanistan et destinée aux pays européens.

Comme il ressort des données de la direction de l'ONU pour le contrôle des drogues et la prévention de la criminalité, l'Afghanistan occupe la place peu enviable de leader de la production d'opiacés, dont l'opium et l'héroïne. Les plantations afghanes fournissent de 75 à 80 % de la production mondiale de ce type de narcotiques. Le volume annuel de la production d'opium varie entre 2 800 et 4 800 tonnes. Notre situation se complique du fait que l'Asie centrale et les pays de la Caspienne se situent géographiquement entre le premier producteur d'opium, l'Afghanistan, et les plus grands marchés d'écoulement, l'Europe de l'Est et de l'Ouest. Voilà pourquoi le gros du trafic passe tout naturellement par nos régions, créant dans cet espace immense un énorme potentiel de déstabilisation.

Malheureusement, l'Asie centrale n'est pas seulement un lieu de transbordement sur la voie du trafic. Le cannabis, un des narcotiques les plus courants, répandu dans cent vingt pays, représente pour la région un danger particulier. Il pousse le plus souvent à l'état sauvage et on en rencontre de vastes champs dans les contrées méridionales de l'Asie centrale. La production mondiale annuelle de cannabis est d'environ 30 000 tonnes. Après transformation, il est à la base de la marijuana et du hachisch dont la demande augmente fortement sur le marché mondial.

Je pense que le danger n'est pas seulement dans la large diffusion de la drogue et dans l'apparition de nouveaux lieux de production et d'écoulement. Un danger plus grave encore pour l'homme et l'humanité tient à ce que nous appellerons l'organisation qualitativement nouvelle du narcobusiness, qui a acquis un caractère transnational. Il n'y a maintenant plus grand sens de diviser le narcobusiness en fonction de critères territoriaux et nationaux ; tous les syndicats de la drogue sont étroitement liés les uns aux autres et coordonnent systématiquement leurs opérations.

Le narcobusiness s'est hissé aujourd'hui à un niveau qualitativement supérieur ; d'abord, il s'est mondialisé autant que possible ; ensuite, par son rythme d'industrialisation et d'appropriation des technologies nouvelles, il surclasse de nombreuses branches civiles. Ces inquiétantes mutations ne permettent plus de parler de groupes criminels isolés, mais d'une narcocorporation transnationale unifiée, composée de réseaux mobiles d'unités structurelles territoriales, organisées en cellules nationales selon le principe de la ruche.

L'empire de la drogue, mondialisé et hautement technologique, menace autant la sécurité nationale des divers Etats du monde que l'humanité entière. La communauté internationale, devenue plus que jamais une proie à la portée de la narcomafia universelle, qui s'attaque à son potentiel démographique, socio-économique et scientifico-culturel, déploie actuellement des efforts acharnés pour combattre ce fléau. La nature et les moyens de cette lutte varient d'un Etat à l'autre.

Certains Etats emploient des mesures extrêmes : par exemple, la Malaisie, l'Iran et le Pakistan, pour lesquels le plus souvent la peine de mort est l'arme principale contre le trafic et dont la législation fait preuve d'un maximum de sévérité envers les crimes liés à la drogue. On ne peut dire avec précision si ces méthodes strictes sont efficaces, mais un fait est établi : dans ces pays, le nombre de ces crimes augmente chaque année de 2 à 3 %.

Les pays qui appliquent des peines plus modérées, comme les Etats-Unis, la Grande-Bretagne et la France, utilisent d'autres méthodes : contrôle extrêmement sévère de tous les types de drogue et politique énergique de lutte contre la mafia. Aux Etats-Unis, par exemple, où le préjudice imputable au trafic de drogue s'élève à près de 150 milliards de dollars par an, la plupart des Etats punissent non seulement les trafiquants et les revendeurs, mais aussi les citoyens dès l'instant qu'ils essaient de s'en procurer. En Angleterre et en France, les tribunaux imposent aux toxicomanes une cure de désintoxication.

Enfin, certains pays ont une politique assez libérale et usent de peines bien moins rudes : par exemple, les Pays-Bas, qui ont pratiquement légalisé la consommation des drogues dites douces.

Toutefois, il ne suffit pas simplement de constater la situation provoquée par le narcobusiness dans le monde, ni d'énumérer les réactions de la communauté internationale à ce grave problème ; encore faut-il se livrer à une analyse exhaustive de la menace que le narcobusiness fait peser sur la sécurité nationale et étatique dans nos régions, l'Asie centrale et la région de la Caspienne. Et ici justement, comme le montrent l'examen et le rapprochement des faits, on observe une situation catastrophique porteuse d'évolutions lourdes d'une menace plus que tangible pour la stabilité de notre Etat dans les prochaines années.

D'une part, le leadership mondial toutes catégories confondues dans le domaine de l'usage des narcotiques naturels ou synthétiques appartient toujours aux Etats-Unis et à l'Europe occidentale. Mais si l'on considère l'Eurasie à partir des années 1995, on note que, alors que la consommation de narcotiques baisse en Europe occidentale, elle augmente dans les pays situés sur les principaux itinéraires du trafic. En particulier, on assiste à un accroissement graduel de l'usage des drogues en Asie centrale. Cette tendance est très inquiétante, et si l'on n'y prend garde dès maintenant, elle pourrait avoir des conséquences incalculables pour la région, et spécialement pour le Kazakhstan.

D'autre part, l'évolution actuelle de la situation en Afghanistan est à l'origine d'un autre danger : dans les dépôts d'opium afghans s'entassent d'importants stocks de narcotiques qui n'ont pu être liquidés, essentiellement du fait de la guerre antiterroriste. Selon les experts de l'ONU, 2002 a été une année de récolte record, comme en 1999 : de 3 500 à 4 600 tonnes d'opium brut. Or les principaux stocks des 10 000 tonnes produites au cours des quatre ou cinq années précédentes, en soustrayant le minimum des quantités écoulées sur les marchés, n'ont été ni découverts ni confisqués au cours de l'opération antiterroriste internationale.

Le volume du trafic de drogue sur le territoire de l'Asie centrale et des pays de la Caspienne est actuellement en augmentation. Cela va de pair avec l'augmentation tendancielle du transport de la drogue dans la région. L'Asie centrale, qui comprend le Kazakhstan, le Kirghizstan, le Tadjikistan, le Turkménistan et l'Ouzbékistan, est sur l'itinéraire qui relie les principaux producteurs aux principaux consommateurs. Notre région confine à l'une des régions de l'empire de la drogue, le Croissant d'or. De surcroît, le transit se renforce aussi, ces dernières années, du fait de l'augmentation des livraisons de narcotiques de synthèse (ecstasy, LSD, amphétamines) et de précurseurs, dans l'autre sens, d'Europe vers l'Asie. Il faut donc reconnaître que le Kazakhstan s'est trouvé pris, bon gré, mal gré, dans la toile universelle du narcobusiness.

De toute évidence, la situation de la toxicomanie dans le pays est liée étroitement à celle du narcobusiness sur le continent eurasien, et les possibilités de réduire la criminalité relative à la drogue au Kazakhstan dépendent, dans une grande mesure, des succès remportés contre le narcobusiness au plan international. Ces derniers temps, la situation de la toxicomanie au Kazakhstan ne cesse de se dégrader et, à court terme, celle-ci posera un problème de première importance à la sécurité nationale et étatique.

Le narcobusiness dans notre pays est devenu un problème de société ; il exerce un pouvoir destructeur sur les structures civiles de la société, sur les perspectives de son développement économique et du progrès social. Comme il ressort des statistiques, on enregistre aujourd'hui au Kazakhstan 45 505 consommateurs de drogue à des fin non médicales, dont 1 927 mineurs et 4 420 femmes – 28 913 d'entre eux sont comptabilisés comme toxicomanes. La consommation annuelle moyenne d'opiacés au Kazakhstan, sans tenir compte du transit, s'élève à plus de 29 tonnes, celle de dérivés du cannabis à 500-750 tonnes, et s'accroît sans cesse. Bien que, selon les indices relatifs et absolus de la quantité de toxicomanes dans la société, le Kazakhstan se trouve bien en deçà des pays développés, principaux consommateurs de psychotropes, la tendance permanente à l'augmentation du nombre d'usagers de la drogue peut, en fin de compte, déboucher sur un sombre tableau, qualitatif celui-ci, de la place de la toxicomanie dans la société.

L'usage croissant des narcotiques s'accompagne, bien entendu, d'une montée de la criminalité qui lui est liée. Ainsi, entre 1991 et 2001, la part de la toxicomanie dans le total des crimes commis dans la république est passée de 2,8 à 11,6 %, c'est-à-dire quatre fois plus, avec 17 700 dossiers ouverts en 2001. D'après les enquêtes criminelles instruites ces dernières années, on saisit au Kazakhstan annuellement plus de 10 tonnes de narcotiques et de psychotropes.

Tel est, en gros, l'état actuel de la toxicomanie et de la criminalité qui y est liée dans notre pays. La situation géographique du Kazakhstan comme lieu de transit des stupéfiants n'explique pas à elle seule cette aggravation considérable. Ce n'est qu'un aspect du problème.

Les échanges commerciaux du Kazakhstan ne cessent d'augmenter. Le programme de développement intense des moyens de transport – de passagers et de marchandises – porte ses fruits et, à terme, les capacités de transport de notre pays lui permettront de devenir le principal corridor reliant les pays d'Asie à la Russie et aux autres pays d'Europe. Malheureusement, cet essor du transport profite aussi à la mafia de la drogue qui achemine les narcotiques naturels d'Asie en Europe et les synthétiques dans l'autre sens.

On voit mal comment un Etat seul pourrait s'opposer efficacement à une narcocriminalité par essence internationale. Pour notre part, nous prenons et continuerons de prendre des mesures sévères, propres à notre pays et également en coopération avec les structures antiterroristes internationales, afin de stopper cette évolution dangereuse.

Etant donné la gravité de la situation et le degré des menaces que fait peser sur notre pays l'industrie internationale des narcotiques, la question des méthodes employées contre leur écoulement et leur diffusion est pour nous une priorité vitale. Sans aucun doute, il est indispensable d'utiliser l'arsenal des moyens existants, mais aussi de chercher des répliques collectives plus efficaces, à la fois offensives et défensives, face au narcobusiness. Le Kazakhstan a donc mis en pratique toute une série de mesures permettant d'appliquer les règles du droit international et de coordonner des efforts communs dans cette voie.

En premier lieu, il s'est intégré dans le système international de contrôle des narcotiques. Les conventions fondamentales de l'ONU dans ce domaine (1961, 1971, 1988) ont été ratifiées. Le Kazakhstan est devenu membre de plein droit de la Commission des moyens narcotiques, principal organisme antidrogue de l'ONU ; il participe activement à bon nombre d'organisations internationales compétentes spécialisées dans la lutte contre le trafic illégal des narcotiques déjà évoquées plus haut : l'Organisation de coopération de Shanghai (OCS), la Conférence sur l'interaction et les mesures de confiance en Asie (CIMCA), l'Organisation du traité de sécurité collective (OTSC), etc.

Le Kazakhstan a déjà fait ses preuves de militant actif et conséquent au service de cette cause mondiale. Nous, les dirigeants du pays, nous sommes intervenus plus d'une fois, au nom de l'Etat et du peuple du Kazakhstan, lors des grands forums internationaux, en proposant des initiatives pour gérer la situation créée par le narcobusiness en Asie centrale et dans le monde entier.

Par exemple, le 2 septembre 2002 à Johannesbourg, dans mon intervention devant la Conférence mondiale sur le développement durable de l'ONU, j'ai insisté sur le fait que l'Afghanistan demeure un foyer de diffusion de la drogue, et j'ai appelé l'ONU à élaborer d'urgence un programme d'action contre le narcobusiness dans la région, car il est clair que la guerre contre le terrorisme international perd son sens si les racines de ce phénomène continuent à être nourries de l'extérieur.

En deuxième lieu, nous avons créé une base nationale de règles juridiques et de lois antidrogue. Nous avons établi – et commencé à mettre en pratique – des documents stratégiques et programmatiques définissant l'ensemble des mesures prioritaires dans ce domaine, par exemple, les lois sur les narcotiques, les psychotropes, les précurseurs et les mesures empêchant leur circulation illégale et leur consommation, sur la réhabilitation médico-sociale des personnes souffrant de toxicomanie, la stratégie de lutte contre la toxicomanie et le narcobusiness pour 2001-2005 et le programme de lutte contre ces phénomènes pour 2002-2003. J'ajoute que les deux derniers textes sont des documents uniques de ce genre dans la pratique des pays de la Communauté des Etats indépendants.

En troisième lieu, pour parler de l'aspect pratique, dans le cadre de l'application de la stratégie de lutte contre la toxicomanie et le narcobusiness dans la république du Kazakhstan pour 2001-2005, ont été échafaudées les structures d'un système, à échelle nationale, d'action contre la drogue, comme le Centre républicain scientifique et pratique des problèmes médico-sociaux de la toxicomanie (Pavlodar), les centres cynologiques du comité des douanes du ministère des Revenus d'Etat (MGD) et du ministère de l'Intérieur (MVD) de la république du Kazakhstan (Almaty), le Centre scientifique de formation, de perfectionnement et de qualification des fonctionnaires des organismes judiciaires et autres organismes d'Etat spécialisés dans la lutte contre le commerce illégal de la drogue près l'académie du ministère de l'Intérieur (Almaty), le Centre national d'information et d'analyse pour l'étude et l'estimation de l'intoxication près la procurature générale (Astana).

Ces mesures prises sont une condition nécessaire mais non suffisante pour lutter valablement contre le narcobusiness et la criminalité qui y est liée. Il est indispensable d'attaquer le problème d'une manière systématique, et cette approche devrait comporter non seulement des mécanismes de contrôle et d'analyse des événements dans le domaine, mais aussi des éléments à caractère préventif afin de pouvoir anticiper et ramener le problème potentiel à l'état de menace minimale avec le moins de conséquences possibles.

Il s'agit pour une grande part de problèmes dépendant de la situation intérieure de l'Etat, et aussi de la façon dont la société tente de les résoudre. Des actions sociales et publiques telles que « Les jeunes contre la drogue » ou d'autres manifestations de masse analogues sont certes nécessaires et efficaces, bien qu'en général ponctuelles. Les médias du Kazakhstan contribuent aussi beaucoup à la lutte contre le narcobusiness, mais je remarque que souvent la question de la drogue est présentée sous forme sensationnelle, sans critique réelle, et que cela peut donc être perçu comme une publicité originale.

Les services d'Etat chargés de lutter contre la diffusion de la drogue (et contre sa consommation) ne font pas un travail prophylactique assez conséquent et approfondi pour contrer la criminalité dans les groupes à risque, dans les milieux marginaux ou asociaux. C'est notamment ce qui apparaît lorsqu'un certain nombre de citoyens ne figurent pas sur les listes des « socio-malades » devenus dépendants de la drogue.

D'énormes moyens supplémentaires doivent être dépensés pour renforcer considérablement la base matérielle et technique des unités spéciales luttant contre les cartels de la drogue, permettre aux services de répression armés de mener des opérations à grande échelle destinées à saisir la majeure partie des narcotiques transportés sur le territoire du Kazakhstan, et créer un large réseau de services secrets pour démasquer les dealers et les gros trafiquants.

En 2001, par exemple, on a saisi en tout et pour tout 172,9 kg d'opium et d'héroïne, ce qui n'est rien par rapport au volume estimé du trafic de ces psychotropes. En effet, d'après les critères de l'ONU, avec une activité normale des structures d'Etat, on devrait confisquer au moins 10 % des narcotiques se trouvant sur le marché, y compris dans les zones de transit. Il est impossible de préparer des programmes efficaces contre le trafic si on ne tient pas compte de la situation existante et si on ne fait pas une estimation objective de la criminalité liée à la drogue dans le pays.

Sans vouloir dramatiser à l'excès la situation, on note cependant que les tendances qui se dessinent dans le trafic et la production des drogues au Kazakhstan ne nous portent pas à l'optimisme. Ce qui n'est pas gravissime aujourd'hui, au moins par comparaison avec d'autres pays, peut avoir demain une incidence réelle sur le niveau de sécurité de l'Etat et de la région.

C'est pourquoi la mise en œuvre d'une approche systématique et plus rationnelle de ce problème est un des éléments prioritaires de l'action préventive pour la sauvegarde de la sécurité nationale et étatique. En l'occurrence, il s'agit non seulement d'intensifier au maximum la lutte contre le trafic de drogue, mais aussi de concevoir des manières nouvelles d'aborder la lutte contre le narcobusiness, au nom de la sécurité présente et future du Kazakhstan.

A propos des méthodes, on peut ici distinguer dans le programme antidrogue deux étapes qui diffèrent non pas tant au plan chronologique que conceptuel. D'abord, à moyen terme, il est indispensable de stabiliser la situation dans le pays. Puis, cette tâche ayant été accomplie avec succès, nous disposerons d'une certaine base ou d'un point de départ afin de passer au programme de réduction progressive des transactions illégales de drogue et de son usage non médical.

Bien sûr, les organes exécutifs centraux et locaux du pouvoir sont en première ligne du front contre les criminels de la drogue. Mais ils n'auront une efficacité maximale que s'ils agissent en appliquant strictement la stratégie de lutte contre la toxicomanie et le narcobusiness. Il faut contrôler réellement la situation dans le pays et élaborer des mesures opérationnelles contre le narcobusiness.

Evidemment, cela exigera des dispositions complémentaires pour doter en personnel et en moyens matériels et techniques ces unités des organes d'Etat, judiciaires et autres. Le personnel des unités du ministère de l'Intérieur, de la Sécurité nationale, des services douaniers, qui luttent contre le narcobusiness et la contrebande des narcotiques, doit être recruté avec le plus grand soin ; de même, des mesures rigoureuses doivent être prises afin de démasquer à temps les trafiquants de drogue.

Il faut se pencher particulièrement sur la contrebande et le commerce illicite de drogues dures, comme l'héroïne et l'opium, en perfectionnant la législation et la coopération avec les Etats étrangers et les organisations internationales, y compris en faisant venir l'aide technique étrangère. En outre, il semble judicieux de différencier et d'aggraver la responsabilité criminelle pour la vente d'héroïne, d'opium et des autres narcotiques durs. Les écoles des services judiciaires et spéciaux devront réviser leurs programmes de formation, de recyclage et de perfectionnement des spécialistes de la lutte antidrogue.

Les instituts supérieurs de médecine organiseront la formation de personnels dans la spécialité de psychiatre-narcologue. Les services de narcologie, dans lesquels on se propose de créer un bloc performant de réhabilitation médico-sociale des narcodépendants, doivent être sérieusement modernisés. Pour cela, un rôle important revient au Centre républicain scientifique et pratique des problèmes médico-sociaux de la toxicomanie.

Une médecine de prévention contre la drogue devrait être l'orientation essentielle et la plus riche en perspectives. A cette fin, il faut introduire un programme à plusieurs niveaux de formation intensive des élèves des écoles secondaires et professionnelles et des étudiants de l'enseignement supérieur.

La mise au point et l'application d'un système d'indicateurs enregistrant la performance de tous les services antinarcotiques de l'Etat sont indispensables pour contrôler la situation. La solution de ces graves problèmes n'est possible qu'à condition de réaliser en permanence et en profondeur un scannage scientifique de la situation.

Les commissions régionales de lutte contre la toxicomanie et le narcobusiness, qui consacrent le gros de leur travail à auditionner les dirigeants des services concernés et prennent des mesures sans aide financière suffisante, constituent un énorme potentiel de la stabilisation.

L'examen de la pratique internationale révèle l'attention particulière que prêtent les Etats à l'action d'un organisme antinarcotique coordinateur. Cela suppose le fonctionnement autonome d'un service spécial chargé de découvrir et d'instruire les crimes liés à la drogue. Tout en maintenant la fonction antidrogue des services des douanes et des gardes-frontières, de même que de ceux de la Sécurité nationale, fonction strictement délimitée par leurs mandats, ce rôle incombe aussi aux unités correspondantes de l'Intérieur, à la police. Dans une majorité de pays, le rôle de coordinateur revient à une commission gouvernementale de contrôle des narcotiques. Ainsi la situation difficile du Tadjikistan a-t-elle imposé à la direction de ce pays la création, auprès du président tadjik, d'une agence spéciale de contrôle des narcotiques, dotée des pleins pouvoirs pour réprimer et poursuivre les crimes liés à la drogue, y compris en en dessaisissant d'autres instances judiciaires.

Au total, l'expérience internationale témoigne de la nécessité d'observer le principe de la séparation des fonctions de l'organe coordinateur et de celles des organes spéciaux. L'examen de cette vaste expérience nous persuade que le système doit tendre non pas à une impossible éradication des phénomènes, mais à une stabilisation du trafic de drogue dans des limites réduisant ses incidences sur la sécurité nationale et le fond génétique de la nation. En l'absence d'un tel système, les efforts faits pour prévenir la diffusion des narcotiques, développer la prophylaxie de la toxicomanie, les soins et la réhabilitation des personnes dépendantes et réprimer le trafic illégal des narcotiques ne porteront pas les fruits attendus.

Il est donc indispensable, à la prochaine étape, de réaliser d'urgence l'ensemble des mesures suivantes :

1. mesures de nature juridique : mise en conformité réciproque des normes nationales dans les différentes branches du droit (civil, familial, du travail, administratif, pénal, etc.) qui réglementent tel ou tel aspect de la lutte antidrogue ;

2. mesures d'ordre administratif : fonctionnement effectif d'un coordinateur national unique de cette lutte, doté d'un statut adéquat ;

3. mesures à caractère matériel et technique : dota-

CHAPITRE IV

La Caspienne au fil des siècles

Si l'on se reporte aux temps anciens et même un peu plus récents, la Caspienne et son littoral offrent cette singularité : chez les mêmes peuples, les chroniques historiques, la mythologie et les légendes peuvent avoir un rapport à la Caspienne diamétralement opposé, les uns la portant aux nues et les autres la mettant plus bas que terre. Dans les deux cas, l'image de cette mer prend toujours des dimensions mystiques.

Les Grecs anciens, par exemple, la considéraient à la fois comme leur patrie première, le centre de la terre, et comme les confins de la terre. C'est de là que Prométhée a apporté aux Grecs le feu vivifiant, et c'est aussi là qu'en châtiment il fut enchaîné à un pic du Caucase. Certains chercheurs supposent même que les rives de la Caspienne ont connu une civilisation très ancienne, dont les villes ont été englouties par une montée de ses eaux au niveau souvent instable. Ce n'est pas pour rien que, selon la légende biblique, l'arche de Noé a trouvé refuge sur le mont Ararat.

Alexandre de Macédoine, arrivé dans les basses terres près de la Caspienne, la tenait pour un simple marais ne méritant absolument aucune attention, pour la limite septentrionale de l'« œcumène » au-delà duquel se trouvaient des terres désertiques et inhabitées. En revanche, dans l'histoire de nombreux peuples, dans leur mythologie et leur culture, la Caspienne figurait toujours comme un espace signifiant, qui symbolisait le commencement ou la fin du microcosme, et les visions du monde d'une ethnie ou d'un Etat.

De cette façon, elle est regardée en quelque sorte comme le carrefour de toutes les civilisations et cultures mondiales. Selon l'expression du poète Velimir Khlebnikov, « la Caspienne, c'est le triangle du Christ, de Mahomet et de Bouddha ». D'un autre point de vue, la Caspienne est le reste de la Téthys, mer des temps géologiques qui sépara le continent premier de Gondwana et la Laurasie. Ce vestige des ères préhistoriques est aujourd'hui le plus grand réservoir d'eau de la planète.

Récemment encore, la région de la Caspienne était considérée comme une périphérie géopolitique. De vagues estimations des ressources énergétiques potentielles du plateau sous-marin caspien – qu'on appelle le shelf caspien – et du plateau continental étaient à la base de la « mythologie caspienne », regardée comme une tentative non probante et douteuse de rehausser le prestige de la région géographique elle-même.

Que représente maintenant la région de la Caspienne ?

Essayons, pour mieux comprendre, de déterminer si la notion de région géopolitique peut s'appliquer à la Caspienne et à son environnement, et s'il est possible de parler de son autosuffisance géopolitique. Sur ce sujet, les avis des experts divergent.

Pour l'un des groupes d'experts, la Caspienne est une réserve énergétique et biologique unique au monde et dotée d'un écosystème spécifique. Point de mire des convoitises mondiales au plan géoéconomique et écologique, la Caspienne se présente comme une région géopolitique à part, susceptible de se fondre dans une quelconque communauté d'intérêts. L'opinion partagée par tous les pays riverains sur l'utilisation commune de la masse d'eau va dans ce sens. Aussi la région est-elle présentée comme un avant-poste stratégique jouant un rôle important dans la situation géopolitique de l'Eurasie.

Un deuxième avis fait de la région une partie intégrante de l'aire nord de l'arc d'instabilité planétaire qui s'étend de l'Algérie à l'Asie du Sud-Est en passant par les Balkans, le Proche-Orient et le Caucase, l'Afghanistan, le Cachemire.

Pour un troisième groupe d'experts, la région de la Caspienne est une région frontalière au point de jonction du Caucase, du Moyen-Orient, de la Russie et de l'Asie centrale. Logiquement, elle est une frontière entre les civilisations chrétienne, islamique et bouddhiste.

D'autres spécialistes utilisent la notion de Grande Asie centrale. Ils y incluent les espaces intérieurs de l'Eurasie, les bassins des mers Caspienne et d'Aral, les provinces non arrosées au centre du continent et les systèmes montagneux qui les entourent, y compris les confins occidentaux – le Khorasan (Iran oriental), le Caucase et le bassin volgo-caspien.

Du point de vue de la géographie politique, la Caspienne est la périphérie d'un important système de régions maritimes, un des éléments du système partant de l'océan Atlantique et enveloppant par la Méditerranée et la mer Noire plusieurs régions. Cette macrorégion comprend plusieurs nœuds maritimes que l'on classe par ordre d'importance. Par leur nature, les mers sont des milieux qui joignent les morceaux désunis d'un unique espace géopolitique, qui commence au nord-ouest de l'Atlantique et s'étend jusqu'au Kazakhstan, à la Russie et au Caucase. Dans ces conditions, on peut dire que la Caspienne en est l'entrée ou la porte et qu'elle occupe, en somme, une place périphérique.

D'autre part, considérant que la région de la Caspienne apparaît aujourd'hui comme une zone potentielle d'instabilité, certains experts pensent qu'elle ne serait qu'un « trou noir », tout comme le Proche-Orient. Cette conclusion est déterminée par le jeu de facteurs liés à la présence d'énormes ressources d'hydrocarbures, ce qui est considéré comme l'un des principaux mobiles d'affrontement d'intérêts aussi bien des grandes puissances que des puissances régionales.

Il faut ajouter à cela l'incertitude actuelle sur le statut de la mer Caspienne, les contestations entre certains Etats riverains sur la propriété de quelques gisements du plateau caspien, les désaccords sur les voies de transport du pétrole, etc. Il est clair qu'on ne peut exploiter toutes les richesses de la Caspienne si les pays riverains ne respectent pas les intérêts des uns et des autres. Malheureusement, on ne saurait qualifier la situation dans cette immense région d'absolument sûre (ne serait-ce qu'à cause des événements d'Afghanistan). Il faudra encore bien des efforts et des résolutions communes avant que les choses prennent meilleure tournure.

La mise en œuvre du concept géopolitique de région est intimement liée au paradigme géopolitique régional, qui, à son tour, dépend d'événements historiques très importants qui se sont produits dans un passé récent. C'est un fait que depuis la chute de l'URSS l'intérêt géopolitique de la Caspienne ne cesse d'augmenter.

Après le 11 septembre 2001, début de la campagne antiterroriste internationale, l'importance de la Caspienne s'est accrue pour les pays occidentaux. Pourquoi cela ? On le voit clairement ces derniers temps. Tentons donc quelques généralisations qui permettront de nous faire une idée globale de cette tendance.

Premièrement, les actes terroristes commis aux Etats-Unis, qui ont renforcé à l'Ouest la tendance à réduire la dépendance énergétique du Proche-Orient, ont changé la donne géopolitique dans le monde.

Deuxièmement, la situation du marché énergétique mondial est globalement instable. La concurrence entre les principaux fournisseurs de pétrole sur les marchés mondiaux se fait de plus en plus vive.

Troisièmement, la période d'exploitation des grandes réserves énergétiques de la Caspienne approche. Les travaux de prospection sur le plateau caspien sont entrés dans la phase terminale. La carte des gisements s'ouvre de plus en plus ; les régions pétrolifères les plus intéressantes sont repérées. Tout cela a pour effet d'intensifier la bataille autour de la région caspienne.

Je note qu'en raison de circonstances objectives,

toute une série de pays se trouvent entraînés dans ce processus. Les intérêts vitaux de quelques centres de force – Etats-Unis, Russie, Chine, Union européenne, Turquie, Iran, les pays du golfe Persique – se heurtent le plus fortement dans la Caspienne. C'est ce dont témoignent l'intensification de la diplomatie occidentale en Transcaucasie où elle élargit la coopération antiterroriste, l'organisation en août 2002 de manœuvres navales russo-kazakhstanaises les plus importantes depuis dix ans, le fait que les Etats-Unis ont placé l'Iran, l'un des plus grands Etats de la région caspienne, dans l'« axe du mal ».

Tenant compte des principales positions sur la définition des coordonnées géopolitiques de la région caspienne, je pense qu'on peut la caractériser comme les « portes géopolitiques » s'ouvrant sur les lignes nord-sud et est-ouest. A cet égard, il ne faut pas l'examiner séparément des régions limitrophes. J'attire l'attention sur le fait que, sous cet angle, la stabilité stratégique dans la région dépendra, à moyen terme, non pas des aspects énergétiques ou écologiques, mais du changement de la répartition géopolitique autour de la Caspienne.

Il est donc indubitable qu'aujourd'hui l'importance géopolitique de la Caspienne et de sa région augmente sans cesse. Et le rôle traditionnellement primordial dans ce processus géopolitique revient aux estimations, déjà établies ou prévues, des réserves d'hydrocarbures et de gaz naturel dans le plateau marin de la Caspienne et dans la partie continentale de la région. D'un côté, il peut sembler qu'il existe une certaine incompatibilité entre ces réserves de la Caspienne et le regain d'intérêt pour ce réservoir d'eau. Mais on peut aussi considérer les choses d'un autre point de vue.

Bien sûr, par rapport à des régions partenaires sur le marché mondial de l'or noir telles que le golfe Persique, les ressources de la Caspienne sont assez modestes. Cependant, nous devons être conscients du fait que la majorité écrasante des pays de notre région – je parle des pays riverains de la mer Caspienne – livrent sur le marché mondial des quantités assez importantes de pétrole et de gaz. C'est ainsi que la Russie et l'Iran font partie des cinq premiers fournisseurs de pétrole et de gaz du monde – la Russie étant le principal pays exportateur de pétrole, et la république d'Iran occupant fermement la troisième place dans la hiérarchie des exportateurs mondiaux, derrière l'Arabie saoudite.

C'est pourquoi les ressources caspiennes d'hydrocarbures seraient capables de modifier la situation sur le marché mondial. En effet, certains Etats pourraient, grâce à la Caspienne, remonter vers les premières places dans la liste des grands pays producteurs. N'oublions pas que la distribution des places dans ce système est essentielle pour le prestige géopolitique des pays exportateurs de pétrole.

Effet de cette compétition non officielle, une nouvelle donne s'esquisse dans la situation géopolitique de la Caspienne, où la Russie joue un rôle de plus en plus important.

Actuellement, toutes les grandes lignes de transport du pétrole caspien vont dans une seule direction, la Russie. Il faut passer par elle pour que le pétrole caspien arrive sur les marchés occidentaux. De même, le gaz du Turkménistan, d'Ouzbékistan et du Kazakhstan est exporté par le territoire russe.

La montée progressive en puissance du KTK (consortium d'oléoducs de la Caspienne) a stimulé la construction de pipelines principaux. Par la suite, la société d'Etat Transneft a mis en chantier et achevé au printemps 2000 la construction du tronçon de l'oléoduc Bakou (Caspienne)-Novorossisk (mer Noire), qui traverse le territoire du Daghestan et évite la Tchétchénie. Ainsi a été assuré l'acheminement sécurisé du pétrole azerbaïdjanais jusqu'aux terminaux de Novorossisk.

En 2000, deux nouvelles lignes magistrales et prioritaires de transport du pétrole ont été définies : le réseau balte et la ligne en direction de Novorossisk, contournant l'Ukraine, et passant par Soukhodolnaïa-Rodionovskaïa.

Grâce au réseau balte, le pétrole de l'Oural et de la Sibérie parviendra par un itinéraire plus court et à moindre frais aux terminaux en voie de construction de Primorsk (Fédération de Russie) sur la Baltique, et non dans les ports de Lettonie et de Lituanie. Si ces projets sont pleinement réalisés, le réseau balte pourra traiter plus de la moitié du pétrole déchargé actuellement dans les ports des pays baltes.

Le débit de la première tranche du réseau est de 12 millions de tonnes par an ; elle suppose l'installation de 270 km d'oléoduc, d'un terminal pour pétroliers et de réservoirs de pétrole. L'achèvement de la deuxième tranche du projet permettra d'augmenter le débit de 17 autres millions de tonnes par an, avec la perspective d'atteindre les 32 millions de tonnes.

L'oléoduc Soukhodolnaïa-Rodionovskaïa est long de 250 km, c'est-à-dire 100 km de moins que le trajet actuel par l'Ukraine, avec un débit de 26 millions de tonnes par an. Le coût estimé est de 180 millions de dollars. La construction sera achevée prochainement. Avec l'accroissement de l'extraction de pétrole dans la partie kazakhstanaise du plateau caspien, on pourra, aux environs de 2010, parler de construire une nouvelle ligne de transport du KTK.

A côté de ces programmes en voie de réalisation, il existe un projet d'oléoduc passant par des pays européens jusqu'au port croate d'Omisalj sur l'Adriatique, en pleine conformité avec le projet Droujba-Adria. Il faut également mentionner les plans du russe Gazprom dans le domaine de la politique d'exportation, et surtout la construction de la première tranche de l'oléoduc Yamal-Europe passant par la Biélorussie pour contourner l'Ukraine, et aussi le grand projet Flot bleu vers la Turquie en suivant le fond de la mer Noire. Les compagnies russes, qui ont achevé le réseau de distribution des ressources de pétrole et de gaz à l'intérieur de la Russie, prennent pied de plus en plus solidement dans la région de la Caspienne.

Bien sûr, ces derniers temps, les Etats-Unis aussi lorgnent sérieusement de ce côté. Aux yeux de l'administration actuelle de la Maison-Blanche, c'est une région de première importance dont le rôle s'accroît dans la stratégie énergétique des Etats-Unis. Cela apparaît notamment dans le maintien du projet de construction de l'oléoduc Bakou-Djeïkhan et dans le regain d'intérêt de Washington pour la région, lié à la découverte d'importantes réserves d'hydrocarbures sur le gisement de Kashagan. Les Etats-Unis ont alors redoublé d'activité, particulièrement en y intéressant des investisseurs européens travaillant au Kazakhstan.

Toutes les parties intéressées sont parfaitement

informées des richesses potentielles de la Caspienne. En effet, selon les estimations, les réserves de pétrole attestées sont de 4 à 6 milliards de tonnes, soit 3 % des réserves mondiales. De nos jours, l'extraction du pétrole caspien s'élève déjà à 1,5 % de la production mondiale ou à 4 % de celle des pays du Proche-Orient. Au total, pour 2010, le potentiel productif de la Caspienne est estimé à 150-200 millions de tonnes, soit 12 % des capacités du Proche-Orient à la même période.

En outre, les ressources minérales de la Caspienne sont suffisantes pour développer une quantité de productions et d'ensembles industriels hautement compétitifs. Or les pays riverains (Kazakhstan, Turkménistan, Azerbaïdjan, Russie, Iran) cherchent à résoudre leurs problèmes économiques en livrant du brut sur le marché mondial. C'est pourquoi je fais remarquer que la stratégie des Etats de notre région se fonde sur une participation d'envergure de l'investissement étranger à l'essor du complexe carburo-énergétique. Par exemple, une quarantaine de compagnies participent actuellement au traitement du pétrole et du gaz caspiens, dont onze sont américaines, cinq japonaises, quatre anglaises, trois françaises et trois turques, deux norvégiennes, une italienne, une allemande, une sud-coréenne, une saoudienne, une finlandaise, une argentine, une singapourienne, une malaisienne, une australienne.

Par ailleurs, fait notable, la région de la Caspienne se trouve au plein centre d'un système nouveau de communications. Elle est traversée par des réseaux de transports d'importance internationale : les corridors TRACECA, Nord-Sud, le TAE VOLS, des liaisons aériennes qui à l'avenir peuvent jouer un grand rôle dans les communications sur le continent eurasien. Dans la région même, le transit s'accroît entre l'est et l'ouest, le nord et le sud. Les temps de transport se réduisent par rapport à ceux de la voie maritime.

Notre région est une partie nouvelle, en formation, de l'économie eurasienne. La Caspienne offre des perspectives économiques pour le développement de la coopération régionale dans différents secteurs.

L'Europe souhaite diversifier ses importations de pétrole et de gaz, et réduire sa dépendance vis-à-vis du Proche-Orient. Le projet d'oléoduc venant de la Caspienne est extrêmement favorable pour la Turquie qui souffre d'un déficit cruel de brut. Avec une telle orientation géographique de l'oléoduc, la Turquie se retrouve en situation de concurrence avec la Russie et l'Iran. En direction du sud, ce sont les intérêts de l'Iran qui se heurtent à ceux de la Russie ; et en direction de l'est, la Caspienne présente un intérêt pour la Chine, dont la dépendance pétrolière ne cesse de s'accroître depuis une dizaine d'années – elle reçoit une partie importante de ses hydrocarbures du golfe Persique et du Sud-Est asiatique et se trouvera donc dans l'obligation de recourir au pétrole de la Sibérie et de la Caspienne.

La possibilité de devenir un segment important des systèmes de transport transcontinental par la ligne nord-sud et par la ligne est-ouest est-elle à l'ordre du jour ? A moyen terme, il ne faut pas s'attendre à un développement effréné dans cette direction. La situation économique ne permet pas pour l'instant aux pays de la région caspienne de réaliser de grands projets d'importance internationale (la construction de chemins de fer et de voies routières). Cette atonie provient aussi des lenteurs caractéristiques de la recherche de consensus intergouvernementaux qui permettraient de créer les conditions organisationnelles et juridiques pour l'essor du transit – l'unification des procédures de transport, de douane et autres.

Plusieurs groupes importants du capital international se font actuellement concurrence dans la région caspienne pour conquérir des zones d'influence. Des trusts transnationaux (TTN) de première importance s'intéressent vivement aux questions géopolitiques relatives à la construction de nouveaux oléoducs et au droit d'exploitation des gisements pétroliers dans la Caspienne. La question des oléoducs est particulièrement délicate, étant donné l'instabilité de la Transcaucasie.

Le secteur kazakhstanais de la région est considéré comme le plus prometteur sur le plateau caspien. Plus de dix TTN y travaillent, dont des géants tels que Texaco-Mobil, BP Amoco, Shell, Chevron et d'autres. Les plus actifs sur la Caspienne sont les TTN américains. Le capital américain contrôle l'AMOK, principal coordinateur des travaux sur la partie azerbaïdjanaise du plateau caspien et un des décideurs de l'orientation géographique qui sera donnée au consortium des oléoducs caspiens.

Le trust Chevron a joué et joue encore un rôle autonome très actif dans la région. Il est important de noter que le Kazakhstan et Chevron ont des intérêts mutuels à égalité. Chevron a déjà fait de grands investissements dans les travaux préparatoires et initiaux à l'ouest du Kazakhstan et projette d'investir encore massivement dans l'avenir. Les experts occidentaux mettent en rapport direct la hausse des actions Chevron en Bourse avec la signature du contrat de Tenguiz. Le Kazakhstan a fait une grande publicité autour de ce contrat, car c'est un des premiers pas pour sortir le pays de la crise économique, la présence même de Chevron dans la république étant une garantie de poids aux yeux de quantité d'autres investisseurs étrangers.

Outrc lcs trusts dcs Etats-Unis, des TTN d'autres pays occidentaux se sont intégrés aux projets d'exploitation du pétrole caspien, en premier lieu de France, d'Italie et de Grande-Bretagne. Les grands TTN ne s'intéressent pas seulement aux vastes réserves d'hydrocarbures, qui feront de la région caspienne le deuxième producteur de pétrole au monde après le golfe Persique, mais aussi à l'ouverture du secteur gazo-pétrolier des pays de la Caspienne pour les sociétés étrangères (à la différence, par exemple, de l'Irak et de l'Iran). La décision des républiques de la Caspienne de laisser les sociétés étrangères accéder au secteur pétrolier s'explique par leur volonté de développer une politique économique extérieure élargissant le nombre de leurs partenaires commerciaux et des voies d'acheminement du pétrole et du gaz.

Une des raisons qui ont poussé à faire largement appel aux grands trusts mondiaux pour l'exploitation de la Caspienne est la nécessité d'utiliser les technologies les plus modernes. A l'époque soviétique, la présence des colossales réserves de pétrole de la Caspienne était déjà connue. Mais les pétroliers soviétiques n'avaient pas l'expérience de l'extraction sous une pression aussi élevée (plus de 800 atmosphères) avec la forte teneur du pétrole en soufre. A cette période, ces technologies étaient un gros atout pour les trusts transnationaux. Ce type d'extraction demande des capacités nouvelles de production, et seuls des investisseurs étrangers peuvent aujourd'hui disposer du capital nécessaire.

Il est évident, et nous sommes bien forcés de le constater, que l'équilibre écologique du bassin de la Caspienne est rompu. Une activité excessive et prolongée a conduit à un tel déséquilibre du système écologique qu'il faudrait pour le restaurer des décennies, ce dont ne dispose pas la Caspienne. Ce qui attend cette dernière, c'est l'appropriation totale des réserves d'hydrocarbures du plateau et l'éventuelle construction de l'oléoduc sous-marin.

Compte tenu de ce qui précède, la prospection et l'exploitation des ressources doivent, à l'étape actuelle, aller de pair avec un accord de principe entre les Etats riverains pour coopérer à la prévention de la pollution. Il est clair que les intérêts stratégiques de tous les Etats de la Caspienne, du fait que les ressources d'hydrocarbures sont épuisables, exigent une attitude prudente dans leur appropriation, l'engagement de respecter tous les impératifs écologiques et de conserver absolument les écosystèmes et les biosystèmes de la mer.

Donc, étant donné les perspectives géoéconomiques actuelles et les tendances mondiales à la consommation croissante d'énergies traditionnelles, on peut affirmer que l'importance géopolitique de la région de la Caspienne au sein de la communauté mondiale ne peut qu'augmenter à moyen terme. C'est ce que montrent pertinemment certains faits relevant de différentes catégories.

Il s'agit, avant tout, des tendances du marché énergétique mondial et des réserves en hydrocarbures de la Caspienne. Bien que certaines compagnies, par exemple Shell et British Petroleum, essaient aujourd'hui de modeler leur stratégie sur les évolutions potentielles du marché mondial et de développer des sources alternatives d'énergie, la tendance générale reste favorable aux exportateurs de pétrole.

Exxon Mobil, la compagnie pétrolière numéro un au monde, se concentre essentiellement sur le pétrole et le gaz, et s'intéresse beaucoup moins aux sources nouvelles d'énergie et à l'utilisation des méthodes non traditionnelles de préservation de l'environnement. Aussi n'est-il guère judicieux de parler de perspectives réalistes de remplacement, dans un avenir proche, des sources d'énergie non renouvelables par les renouvelables à l'échelle mondiale. Vraisemblablement, cette question ne sera d'actualité qu'avec l'épuisement complet des réserves naturelles de matériaux énergétiques. J'ajoute que les compagnies russes partagent la même ligne qu'Exxon.

Il me semble donc que, dans le futur, deux scénarios de changement structurel de l'utilisation d'énergie dans le monde sont possibles – le premier est vraisemblable, le second beaucoup moins :

1. Le scénario conservateur. Il se produira un passage progressif du charbon et du pétrole au gaz, puis aux sources renouvelables d'énergie, et peut-être aussi à l'énergie nucléaire.

2. Le scénario révolutionnaire. Il suppose que sera réalisé, dans les décennies à venir, un potentiel de développement d'une économie fondée sur les applications de l'hydrogène. Ces technologies permettent

de produire de l'électricité à partir de l'hydrogène, sans pollution de l'environnement par des déchets nocifs. En cas de percée de ces technologies, les sources traditionnelles d'énergie perdent leur position prépondérante. On assistera alors à une chute considérable de l'usage du pétrole dès 2025.

Donc, dans ces deux cas de figure, le règne du pétrole dans la consommation mondiale d'énergie est condamné à terme, dans les vingt à trente prochaines années. Pourtant, à moyen terme, les compagnies pétrolières resteront intéressées à la prospection de gisements riches et les réserves de la Caspienne occuperont une des places les plus importantes dans leur politique.

Notre volonté de créer une zone de sécurité dans la Caspienne doit s'accompagner d'actions adéquates en réponse à d'éventuelles menaces. Or la dynamique internationale des dernières années témoigne de l'instabilité de la donne géopolitique dans la région. De plus, avec le lancement de la campagne antiterroriste internationale, la région a acquis une grande importance. La conjoncture régionale dépend forcément des succès ou des échecs de cette campagne.

On le sait, la tension s'accroît dans la région. On en tiendra pour preuve un certain nombre de faits : l'incident irano-azerbaïdjanais en 2001, les contestations territoriales entre le Turkménistan et l'Azerbaïdjan, les sanctions américaines contre les pays collaborant avec l'Iran dans le domaine militaire et économique. Tout cela montre que le processus de cohésion régionale est pratiquement impossible en l'absence d'une active initiative de paix. A cet égard, le Kazakhstan doit occuper une position positive, pacifique et constructive, et s'efforcer de maintenir et de consolider la confiance dans la région.

A l'avenir, il est indispensable que la problématique de la Caspienne soit examinée à la CIMCA, avec l'objectif d'élaborer des mesures de confiance dans la Caspienne. Il faudrait donner un contenu sérieux à un possible pacte de stabilité en Caspienne, dont l'idée clé pourrait être une déclaration de refus d'utiliser la force militaire en Caspienne (une telle déclaration pourrait être signée par tous les Etats de la région, d'abord sur une base bilatérale, puis multilatérale). La création d'une structure antiterroriste de la région caspienne est aussi à envisager.

Comme on le sait, au problème de l'écologie malade de la Caspienne s'ajoute celui de l'utilisation de la pression écologique, c'est-à-dire que des faits inexacts sur la situation écologique régionale sont exploités à des fins politiques. Evidemment, la solution des problèmes écologiques de la Caspienne est impossible sans la participation active tant des institutions d'Etat que des trusts internationaux. La sécurité de la région devra rigoureusement prendre en compte le facteur écologique à condition que l'on entende par sécurité non seulement l'état des structures militaro-politiques, mais aussi la sécurité du milieu de vie des peuples de la Caspienne.

CHAPITRE V

Les voies de la sécurité

La « sécurité collective » est aujourd'hui une expression couramment employée, en particulier à propos des questions de politique étrangère des Etats souverains. Le nombre d'alliances et d'organisations fondées sur cette notion dans les diverses régions de la planète augmente au même rythme que le nombre des menaces réelles et potentielles pesant sur la sécurité nationale. Toutefois, l'expression elle-même est interprétée souvent d'une manière trop libre, incorrecte ou dans un sens quelque peu restreint.

Nous sommes entrés maintenant dans une époque où la sécurité collective est une nécessité inhérente au développement et à l'existence des entités indépendantes nouvelles sur la carte du monde. Après l'effondrement de l'Union soviétique et du pacte de Varsovie en tant que systèmes géopolitiques de sécurité régionale et globale, le ciel, au-dessus de la parade des souverainetés, s'est chargé de nuages de jour en jour plus menaçants. Çà et là, sur le territoire de l'ancienne Union soviétique, apparurent des foyers locaux d'hostilité se traduisant par l'exacerbation des différends entre nations et allant jusqu'à de véritables guerres civiles. L'instabilité des frontières, les processus de renaissance nationale, les litiges concernant l'héritage de l'Union soviétique, la recherche de nouvelles sphères d'influence ont pratiquement transformé le territoire en un vaste foyer de tension, qui, au bout du compte, pouvait former un immense arc d'instabilité, aux conséquences catastrophiques pour de nombreux Etats, peuples et nations.

C'est dans une telle atmosphère de tension qu'ont été faits les premiers pas vers une réconciliation générale et l'ébauche d'une sécurité collective, de façon à empêcher que cette immense région de l'Europe ne se transforme en seconds Balkans. Commencèrent alors de longues et difficiles recherches d'un système de sécurité sur le territoire de la CEI, capable de préserver un régime de non-violence entre ses membres et de prévenir toute agression extérieure contre les Etats dont la souveraineté était en voie de formation.

Ces systèmes de sécurité collective, même imparfaits, existent encore ; certes, ils ne résolvent pas les problèmes actuels, mais ils servent au moins de stimulants dans la quête de mécanismes plus efficaces de sécurité mutuelle des membres de la CEI. Si autrefois, lors des premières étapes de formation d'une Communauté stable, la question était de prévenir les conflits internes liés aux prétentions réciproques des anciennes républiques et à l'absence de règles dans les relations entre les Etats, aujourd'hui le problème numéro un est l'action collective contre les dangers extérieurs qui menacent de déstabiliser la situation sur tout l'espace de la CEI. Cela concerne particulièrement ses régions sud, qui subissent en permanence la pression de foyers géopolitiques de déstabilisation très actifs, comme l'Afghanistan, et les agressions de l'extrémisme religieux.

Aujourd'hui encore, rien ne nous autorise à affirmer que, sous ce rapport, la situation se soit stabilisée définitivement. De nouvelles menaces succèdent à celles d'hier, et d'ailleurs les anciens problèmes ne sont pas du tout tombés dans les oubliettes de l'histoire. Par exemple, il serait faux de prétendre que la normalisation de la situation politique en Afghanistan a rayé de l'ordre du jour ou considérablement vidé la question de la création indispensable d'un système de sécurité collective en Asie centrale. Etant donné la complexité et l'incertitude de la conjoncture en Afghanistan, où différents groupes continuent à lutter pour le pouvoir, on ne saurait garantir qu'il n'y existe plus aucun danger de récidive.

Malgré les systèmes actuels de sécurité collective constitués par les membres de la CEI et d'autres Etats régionaux, la question de créer un système plus perfectionné et complet de sécurité collective dans la région se pose aujourd'hui encore dans toute son acuité. Le moteur principal de l'évolution de ce système est la volonté constante de coopération, à commencer, pour l'instant, par de timides recherches des meilleures options, en attendant la création d'un système élaboré et sûr de sécurité collective, qui servira de solide bouclier à tous les acteurs directs de ce processus long et complexe face aux menaces intérieures et extérieures.

Le premier pas concret et organisé destiné à circonscrire les conflits en cours ou potentiels a été fait le 15 mai 1992, quand l'Arménie, la Biélorussie, le Kazakhstan, le Kirghizstan, la Fédération de Russie, le

Tadjikistan et l'Ouzbékistan ont signé à Tachkent le Traité de sécurité collective (TSC), qui est entré en vigueur après ratification, le 20 avril 1994, pour une durée de cinq ans. Pour la première fois, apparaissait dans l'arène géopolitique une alliance militaire et politique d'Etats formée sur une base qualitativement nouvelle : le désir désintéressé d'agir pour la paix et de neutraliser les conflits sur tout le territoire des pays signataires du TSC.

Le caractère militaire du bloc s'est manifesté dès la phase préliminaire de l'adoption du traité : à Minsk, en décembre 1991, ont été signés des accords sur des forces armées et des gardes-frontières communs aux Etats de la CEI. Ce n'était pas seulement une affirmation ; ce nouveau bloc a aussi fait naître des espoirs de sécurité nationale dans plusieurs autres pays de la CEI. A cette époque, l'Azerbaïdjan et la Géorgie subissaient une grave crise militaire et politique provoquée par les conflits du Karabakh et de l'Abkhazie. Plaçant non sans raison des espoirs sur l'autorité pacifique du TSC, en 1993, l'Azerbaïdjan demanda à y entrer, suivi en décembre de la Géorgie.

La montée en puissance du TSC s'est poursuivie sans accroc, initiant de nouveaux accords. Ainsi l'accord sur la création du système unifié de défense antiaérienne dans le cadre du TSC a été signé le 10 février 1995, en même temps qu'était adoptée la convention de sécurité collective des Etats participants du TSC.

Evidemment, le modèle de sécurité proposé dans le cadre du TSC était loin d'être parfait et démontrait simplement la possibilité du dialogue pacifique entre les participants et la prise de conscience du fait que la violation des frontières d'un pays souverain menaçait l'existence de toute la Communauté. Malheureusement, dans sa lettre et dans son esprit, le traité ne dit mot des mesures à prendre en cas de conflit entre ses membres. Pour l'essentiel, l'accent est mis sur la sécurité des frontières extérieures, sur le périmètre de la Communauté, ce qui ne résout nullement les conflits internes, plus probables.

Du point de vue de la sécurité entre les Etats de la CEI, beaucoup de gens pensaient que, en l'occurrence, des accords bilatéraux étaient plus efficaces que le traité lui-même. Quand en 1999 le traité initial arriva à expiration, ces considérations et quelques autres, à caractère politique, ont amené des pays comme l'Azerbaïdjan, la Géorgie et l'Ouzbékistan à ne pas signer le protocole de prorogation du TSC, c'est-à-dire en fait à en sortir.

Ces derniers temps, toutefois, après une crise temporaire, le traité a reçu de nouvelles impulsions pour développer et intégrer au maximum une quantité grandissante de participants. Dans un court laps de temps, de 2000 à 2001, un intense travail fut déployé pour analyser en détails les mécanismes du TSC, préciser les concepts et concrétiser de nombreux points du texte même du traité.

On peut dire aujourd'hui qu'un champ juridique complet a été créé pour un fonctionnement efficace et constructif du traité. Le mémorandum sur l'augmentation de l'efficacité du TSC a été adopté ainsi que les instructions sur l'adoption et la réalisation de décisions collectives pour l'emploi de la force et des moyens de sécurité collective. Un comité des secrétaires des conseils de sécurité a été constitué. Des accords sur le statut de la formation des forces armées et des moyens du système de sécurité collective ont été entérinés, de même que la résolution de création de forces collectives à déploiement rapide de la région d'Asie centrale. Le niveau d'instabilité dans le sud de cette région s'est élevé considérablement. De plus, ont été observés des cas d'intrusion au Kirghizstan et en Ouzbékistan de groupes armés venant d'Afghanistan et du Tadjikistan. Aussi puis-je l'affirmer en connaissance de cause, la création de telles forces est une mesure plus qu'opportune.

Nous avons donc résolu les questions d'organisation et mis au point les aspects conceptuels, mais en fait c'est l'activité même du TSC qui est entrée dans la pratique. L'organisation de manœuvres annuelles d'état-major et de troupes sur le terrain dans le cadre du traité, auxquelles ont participé, outre les pays membres, des unités militarisées d'Ouzbékistan et d'Ukraine, est devenue une règle. Il s'agit de manœuvres de grande envergure, telles que Bouclier Sud de la Communauté, Communauté de combat et Sud-Antiterreur. De plus, les unités spéciales des forces collectives à déploiement rapide sont soumises à des entraînements constants.

Le renforcement de la composante militaire du TSC témoigne vraiment de son potentiel pacificateur. En effet, une coopération militaire de ce genre développe non seulement divers types de ripostes à des agressions extérieures, mais aussi des plans de neutralisation de conflits internes qui peuvent avoir été initiés par des facteurs intérieurs – par exemple, les actions antiterroristes et les opérations contre le trafic de drogue.

Par ailleurs, dans toute son histoire, le TSC a subi une grave crise en rapport avec les événements d'Afghanistan, due au fait que les pays signataires n'avaient pas réagi à temps aux actions des forces antiterroristes en Afghanistan. Ils avaient ainsi laissé échapper l'initiative de stabiliser la situation dans la région, et de confirmer les pleins pouvoirs du TSC en tant qu'organe destiné à assurer et maintenir la sécurité collective. Pour une grande part, cette situation a été le résultat de l'inachèvement des travaux de structuration du TSC et d'une analyse insuffisante de tous les aspects de son activité.

En 2002, les structures organisationnelles du traité ont été largement consolidées. L'accord de création de l'Organisation du traité de sécurité collective a été signé à Moscou, le 14 mai 2002. Comme dans la version initiale du TSC, l'accent était mis principalement sur la coopération militaire et technique, pourvue dans certains cas de formes plus constructives. Par exemple, un élément important a été réglé : les dépenses destinées à accroître le potentiel des forces armées du traité ont été fortement réduites grâce aux livraisons d'armes de fabrication russe à des prix avantageux. Cela a permis de forger des programmes plus performants de modernisation des forces armées et de doter le TSC d'un potentiel militaire assez solide.

Nous sommes seulement en train de créer un espace militaro-politique commun englobant les participants du TSC mais nous sommes encore loin d'avoir atteint le niveau d'intégration militaro-politique suffisant pour penser qu'on a installé sur le territoire des pays de la CEI un système parfait de sécurité collective.

Beaucoup de choses nous unissent, nous les pays du

TSC, mais en même temps beaucoup trop de choses nous séparent. Les manœuvres militaires et les opérations coercitives sont, à elles seules, incapables d'affaiblir ou de réduire les risques de conflits. Il faut penser aussi à l'intégration économique, sociale et culturelle, afin de réduire les contradictions de telle façon que la question de l'usage de la force pour imposer la paix au sein du traité devienne caduque.

A mon avis, l'Organisation de coopération de Shanghai (OCS), constituée le 15 juin 2001 sur la base des Cinq de Shanghai et comprenant six Etats membres – le Kazakhstan, la Chine, le Kirghizstan, la Russie, le Tadjikistan et l'Ouzbékistan –, possède un fort potentiel de pacifisme et de sécurité. Si l'on ne considère que les éléments organisationnels, je relève que, depuis la création de l'OCS (en y incluant les Cinq de Shanghai), ont eu lieu sept rencontres au sommet, avec les présidents des pays participants et ont été signés plusieurs documents officiels. Le plus important d'entre eux, me semble-t-il, porte la date du 7 juin 2002, jour de la signature, à Saint-Pétersbourg, du document statutaire de base de l'OCS, la charte qui a marqué en fait l'achèvement de la structuration organisationnelle de cette formation militaro-politique.

Il est remarquable que l'OCS ait déjà permis de résoudre un certain nombre de problèmes : dissiper l'incertitude et la tension dans les rapports mutuels, régler les questions de frontières, instituer un forum permanent de discussion et d'arbitrage des relations. Selon moi, le fait même d'entrer dans le système régional de sécurité de la coalition antiterroriste, avec ses actions efficaces de stabilisation de la situation militaro-politique dans la région, ne peut être dû au hasard. Je remarque que de nombreuses causes expliquent cette évolution dans le système régional de sécurité et de ses structures militaro-politiques ; pour la plupart, ces causes sont relatives aux particularités du développement géopolitique, économique et militaire des pays de la région et à l'effet de ces mêmes processus à l'échelle mondiale.

L'évaluation et la définition des perspectives des alliances régionales comme l'OTSC et l'OCS doivent en premier lieu prendre en compte le fait que l'Asie centrale est un espace géopolitique en pleine renaissance. Autrefois partie intégrante d'une entité collective organisée, pourvue d'un système politique, économique, militaire et socioculturel, elle s'est retrouvée, après l'effondrement de l'URSS, en fâcheuse posture. Il est évident qu'elle en est encore à la structure de son architecture interne et qu'elle cherche sa place dans l'édifice mondial. Cependant la région ne se suffit pas à elle-même, elle n'a pas fini de définir son identité géopolitique, d'où la présence ici d'une quantité de problèmes non résolus, de contradictions, qui font obstacle au développement harmonieux de l'OTSC, de l'OCS et, au total, de tout le système de sécurité régionale.

Je mentionnerai un autre problème fondamental : l'aggravation de la rupture géographique à l'intérieur de l'ancien espace géopolitique unitaire. Pour mieux expliquer ce que signifie cette assertion, je m'appuierai sur les faits et sur la situation géopolitique actuelle. La chute de l'URSS a eu pour conséquence de rétablir l'unité géopolitique d'aires en corrélation objective : l'Asie centrale, le Caucase, le Proche et Moyen-Orient, l'Asie du Sud.

Je pense que, dans le cadre de cette restauration, il serait plus opportun de parler de Grande Asie centrale, à laquelle, à côté du Kazakhstan, de l'Ouzbékistan, du Kirghizstan, du Turkménistan et du Tadjikistan, je fais figurer aussi une partie du Caucase. Ainsi cette région comprend-elle une zone qui part de l'embouchure de la Volga et du Don, passe par les montagnes reliant la mer Noire et la Caspienne, l'Europe et l'Asie, et s'étend jusqu'aux steppes de Mongolie et de Chine, ce qui lui a valu en Occident le nom de Ceinture Sud ou de grande route de la Soie.

Cependant, pour éviter toute méprise, il faut remarquer que malgré l'extrême diversité des éléments constitutifs de la Grande Asie centrale, il n'est pas possible de les rendre autonomes, étant donné leurs liens économiques, militaires et géopolitiques réciproques. En plus, il faut avant tout apprécier ces liens mutuels dans le contexte des intérêts géopolitiques des principaux centres de force : l'Occident, la Russie, l'Iran, la Turquie, la Chine, et dans une moindre mesure l'Inde et le Pakistan. Une telle approche, me semble-t-il, permettra de découvrir la vraie valeur croissante de la région à l'échelle mondiale.

Par ailleurs, au plan pratique, les problèmes de la fracture géographique se font sentir dans le faible niveau de consolidation militaro-politique des pays centrasiatiques. On ne peut passer sous silence qu'à une échelle plus large les pays participants du TSC et de l'OCS établissent aujourd'hui leur politique principalement sur leur position géopolitique et subrégionale. En rapport avec cela, certains ne désirent pas prendre d'engagements qui ne correspondraient pas pour eux à un comportement rationnel dans les conditions actuelles.

Enfin, le deuxième aspect dont il faut tenir compte pour évaluer le potentiel des alliances militaro-politiques régionales est le rapport entre les intérêts géopolitiques de leurs membres et les forces qui leur sont extérieures. On doit donc dégager les principaux paramètres de la variable géopolitique, qui déterminent la dynamique du développement du TSC et de l'OCS, et globalement du système régional de sécurité.

Après la disparition de l'URSS, l'« immaturité » politique, la faiblesse de la volonté et de la capacité d'intégration entre les pays centrasiatiques ont conduit à l'édification de structures militaro-politiques régionales (TSC et OCS) qui se sont efforcées de stabiliser cet espace fortement agité. Les possibilités nouvelles de présence des Etats-Unis dans la région, résultat de manœuvres géopolitiques, ne pouvaient rester sans conséquences sur l'évolution de la structure de la région. L'arrivée des Etats-Unis dans le cadre de la coalition antiterroriste est, à mon avis, plutôt conforme à la logique des événements que fortuite.

Une autre logique a présidé aussi à l'accroissement du rôle d'autres pays, à la pénétration en Asie centrale de joueurs non étatiques (organisations extrémistes et terroristes, narcobusiness). Ils semblent passer à travers les mailles du filet du système de sécurité. Plusieurs foyers actifs d'instabilité, proches de l'Asie centrale, sont également des facteurs du déséquilibre général : l'Afghanistan, l'affrontement pakistano-indien et le puissant foyer potentiel, extrêmement explosif, de la Caspienne. Dans cette situation, le décalage des intérêts géopolitiques entre les principaux centres de force mondiaux et régionaux, le potentiel de la fracture géographique, la non-coïncidence des intérêts stratégiques des pays membres des alliances militaro-politiques rendent ces structures peu efficaces.

La géoéconomie, autre composante importante dans la problématique de la mise sur pied de structures militaro-politiques, est également à considérer. Pour cela, plusieurs facteurs de première importance doivent être pris en compte.

Premièrement, c'est la situation géoéconomique de l'Asie centrale qui est la cause déterminante de la place, du rôle et des perspectives de cette région pour la communauté mondiale. De nos jours, la structure de l'économie (pays développés, pays nouvellement industriels, économies transitoires, pays en voie de développement et pays non développés), la dégradation de l'ex-URSS au plan des technologies productives et l'effondrement de son économie unifiée ont fait que les pays d'Asie centrale, de même que la Russie, se sont rapprochés du groupe du tiers-monde, périphérique de surcroît.

La mondialisation et le processus de régionalisation partagent le monde en trois grands blocs régionaux qui se trouvent en état de concurrence stratégique et d'interdépendance. Chacun d'eux est dirigé par un des membres du trio Etats-Unis, Japon et Europe de l'Ouest. Les Etats-Unis ont inclus dans leur orbite géoéconomique l'Amérique latine (ALENA, FTAA) ; l'Europe de l'Ouest a englobé l'Europe de l'Est, l'Europe centrale et méridionale (UE, CEFTA) ; le Japon, l'Asie de l'Est (ASEAN+3). Dans le cadre du pôle est-asiatique, la Chine devient en même temps un second centre de gravité. L'essentiel des échanges commerciaux et des mouvements de capitaux se réalise dans ces régions, et dans ce cadre 60 à 75 % des transactions commerciales et des investissements et près de 90 % des transferts technologiques mondiaux reviennent aux représentants du trio.

Par voie de conséquence, l'Afrique, l'Asie du Sud, l'espace de l'ex-URSS restent en marge de l'économie mondiale (processus de périphérisation). Or, si l'Inde et la Russie ont certaines perspectives de croissance et d'accès à la mondialisation grâce à leur potentiel humain, économique, technique et scientifique, militaire et géostratégique, l'Asie centrale, elle, demeure en fâcheuse posture. En outre, sa situation géographique verrouillée la rend tributaire de l'état économique de la Russie et de l'Asie du Sud. Entourée d'une ceinture dépressive, elle n'a pas objectivement la capacité d'exécuter d'elle-même le bond vers la croissance économique, grâce à des relations commerciales et financières avec le trio, comme l'ont fait, par exemple, les pays du Sud-Est asiatique et d'Amérique latine.

Une composante principale de l'Asie centrale est son potentiel géopolitique, et aussi sa possibilité d'être « ouverte » avec ses grandes voies énergétiques et de transit, dont la mise en service pourrait transformer en avantages les carences de la région. La dynamique de développement de tels projets détermine pour beaucoup la base stratégique de la sécurité régionale, dans la mesure où la situation économique des populations peut induire de nombreux dangers : le narcobusiness international, l'extrémisme politique et religieux, le terrorisme, etc.

Troisièmement, il faut considérer l'importance de

l'intégration et de la régionalisation économique en tant que composante de la stratégie de renforcement et de contrôle de l'espace géostratégique. C'est ainsi que se développe maintenant l'Europe unifiée. Dès la chute de l'URSS, la Russie et le Kazakhstan ont tenté d'inclure tous les pays membres de la CEI dans une union douanière, une barrière unique face aux exportateurs de l'« étranger lointain » sur le périmètre entier de la CEI, tout en conservant en son sein le libre-échange. L'union douanière a vu le jour, suivie de l'accord signé sur la création de l'union des paiements, qui a servi de base pour instituer en 2000 l'union économique Europe-Asie. Toutefois, la réorientation rapide des pays de l'Asie centrale vers des partenaires économiques de l'« étranger lointain » et la similitude des produits qu'ils exportent ont fortement ralenti l'intégration des pays postsoviétiques.

Malgré la création d'organismes intégrateurs dans la région – Union économique d'Asie centrale (UEAC) et la Coopération centrasiatique (CC) – et les efforts énergiques déployés notamment par le Kazakhstan, l'intégration progresse lentement en Asie centrale. Cette atonie est due à plusieurs causes, dont les principales sont les rythmes et modèles différents de réforme des économies, les cadences différentes de croissance, le recours à des leviers économiques pour résoudre des problèmes purement internes, et à d'autres facteurs que montre l'analyse de la géopolitique de l'Asie centrale.

A ce propos, il est intéressant et significatif que lors de la sixième session du comité d'intégration de l'UEAC à Tcholpon-Ata, à côté des questions d'intégration strictement économique (unification des tarifs douaniers, liberté des mouvements commerciaux et financiers), on se soit penché sérieusement sur les problèmes des migrations clandestines, de la surveillance des frontières, notamment sur le projet d'accord de coopération pour la surveillance des frontières de la Communauté. Il me semble que l'OTSC et l'UEAC, du fait que les deux organisations réunissent les mêmes pays participants et ont les mêmes positions, se complèteront et stimuleront mutuellement leur développement. On peut au moins dire que l'activation des rapports économiques entre les pays permet de régler l'aspect socio-économique de leur stabilité et de leur sécurité intérieure. De son côté, l'OCS fait aussi du développement de la coopération économique une de ses grandes priorités.

On voit donc que quelques organismes intégrateurs sont apparus dans l'espace postsoviétique : CEI, UEAC, CC, GUOAM (Géorgie-Ukraine-Ouzbékistan-Azerbaïdjan-Moldavie). Comment expliquer cela ? La question n'a rien de rhétorique.

En premier lieu, la CEI a été considérée dès le début par différents acteurs et participants à partir de positions totalement opposées. D'ailleurs, l'histoire même de la CEI constitue un précédent extraordinairement curieux de mélange d'objectivité et de subjectivité dans la politique et dans la destinée de dizaines de millions d'hommes. Mais cela est une autre histoire... En gros, certains pays sont entrés dans la CEI parce qu'ils voyaient en elle le prototype d'une future intégration étroite, du type de l'Union européenne. D'autres percevaient la CEI comme le moyen tranquille et le plus pacifique d'un démembrement non conflictuel de l'ex-URSS, et ils estimaient que plus les rapports à l'intérieur de la Communauté étaient faibles, mieux ça allait.

Quand la divergence des points de vue sur la CEI éclata au grand jour avant que celle-ci ne commence réellement à se transformer en club de présidents, certains dirigeants attachés à l'idée d'intégration entreprirent de former des unions régionales plus étroites. Si nous avions pu, au milieu des années 1990, nous mettre d'accord sur la formation d'un espace économique unifié ou d'une zone de libre-échange, on ne verrait pas aujourd'hui une telle pléthore d'unions régionales, et la CEI elle-même se serait sans doute transformée en une entité influente et riche d'avenir, de dimension eurasiatique. Mais les événements ont évolué dans le sens de la désintégration pour diverses raisons et selon divers scénarios, et nous voici donc maintenant dans l'obligation d'édifier une architecture intégratrice en partant des réalités actuelles.

Attirés par des projets et des intérêts économiques, d'autres partenaires interviennent dans la région centrasiatique et certains essaient de réaliser leur politique nationale. Les intérêts économiques cachent des visées politiques et militaires. Il faut replacer dans ce contexte tous les projets de transport et de transit dans le cadre de TRACECA ou de GUOAM, et tout le jeu autour des itinéraires des pipelines partant de la Caspienne. Je remarque au passage que le développement économique de la Caspienne, des pipelines et des grandes voies d'acheminement est un facteur fondamental pour l'établissement d'un système régional de sécurité, mais que c'est en même temps une importante source de risques. Au total, la faible intégration économique des pays de l'OTSC et de l'OCS freine le développement de ces structures.

On constate par ailleurs que, dans certains pays, des milieux politiques sont intéressés à collaborer avec les forces radicales. Par exemple, des élites régionales, qui pour l'instant n'ont pas accédé à l'Olympe politique, peuvent avoir des intérêts communs avec des groupes extrémistes en lutte contre le pouvoir central. Les événements d'Aksy au Kirghizstan en 2002 ont révélé concrètement la tendance à la croissance de l'extrémisme dans les conditions du libéralisme politique relatif de ce pays.

En outre, les groupes criminels et extrémistes des Etats centrasiatiques prennent part au trafic juteux de la drogue. Tout comme le commerce illégal des narcotiques en Amérique latine et en Asie du Sud-Est, le narcobusiness contribue à l'augmentation de la violence en Asie centrale. Les groupes criminels se battent soit pour prendre le contrôle de la région soit pour conserver des conditions favorables à leurs opérations et au transit de la drogue depuis le territoire afghan.

Enfin, il y a aussi une possibilité de conflits à caractère ethnique. Les difficultés économiques ont détérioré le climat des relations interethniques, notamment, et cela renforce le séparatisme. La complexité des structures ethnoterritoriales de la région est à l'origine de ce processus.

Le potentiel conflictuel découlant de toutes ces particularités centrasiatiques peut donc transformer l'instabilité intérieure de l'un des pays en détonateur de la déstabilisation de tout l'espace régional. Pour parer à cette éventualité, il faut coopérer étroitement et rechercher le consensus dans la solution en commun des problèmes sécuritaires. En effet il est souvent difficile de régler dans un cercle restreint les problèmes qui se posent et il est indispensable de recourir à des forces tierces qui jouent le rôle d'arbitres compétents et de garants de la paix, et qui apportent également un soutien militaire conséquent, protégeant les pays de la région d'une pénétration de forces destructives extérieures. Cela stimule certainement la coopération entre les pays sous l'égide de l'OCS, de l'OTSC, et surtout dans le domaine des actions pacificatrices, de la surveillance des frontières.

Cependant, bien des choses dépendent des élites politiques, de leur disponibilité au dialogue bilatéral et multilatéral. Leur volonté politique d'aplanir par la concertation les contradictions, les différends entre les Etats, est précisément un élément déterminant de la sécurité régionale et de la coopération militaro-politique. De plus, l'approche objective de ces processus révèle que ceux-ci sont des manifestations des lois du développement mondial. Ils vont dans le même sens que la tendance au repli sur la tradition déterminée dialectiquement comme réaction à la mondialisation technologique et culturelle. Je ne pense pas me tromper en disant que les pays exclus pour telles ou telles raisons d'une participation réelle et progressiste à la mondialisation sont exposés à l'influence de courants à caractère extrémiste et destructeur.

Cela réduit l'efficacité des systèmes de sécurité destinés à contrer les menaces de forces extérieures et n'exige pas tant une intervention militaire qu'une transformation économique et politico-idéologique profonde de la société. Cela demande donc la participation dans la région de forces possédant un gros potentiel économique.

Avec l'accession à la souveraineté politique et économique, la région centrasiatique s'est heurtée à la difficulté de maintenir l'infrastructure de défense qui était jadis partie intégrante du système commun de défense de l'URSS. Les problèmes concernaient particulièrement le rééquilibrage de la géographie militaire de la région, l'efficacité de la défense antiaérienne, la surveillance des frontières, l'insuffisance du recrutement dans les forces armées et le vieillissement de l'armement et du matériel, l'arrêt des entreprises du complexe militaro-industriel, etc. Les problèmes du financement des sites militaires, du pillage de l'équipement et de l'armement ou de leur exportation dans le cadre du redéploiement des forces armées ont provoqué le démantèlement d'une série de bases militaires.

Le bilan de la capacité réelle de défense des pays de la CEI imposait la nécessité de son renforcement radical. La mise en place des structures militaro-politiques de l'OTSC et de l'OCS devait résoudre ce problème.

Du point de vue militaire, l'OTSC s'orientait vers la réintégration de l'ancien espace militaro-stratégique unique. Dans ce cadre du traité, il a été possible de conserver les systèmes unifiés de défense antiaérienne et de surveillance des frontières, bien qu'il demeure de graves difficultés dans les deux domaines.

L'OCS, de son côté, avait pour vocation d'empêcher

que les problèmes frontaliers qui existaient et s'amplifiaient alors avec la Chine ne dégénèrent en conflit armé. L'OCS, au sein duquel les instruments politiques prédominaient largement sur les moyens militaires, a permis d'atteindre l'objectif majeur – la normalisation des rapports avec la République populaire de Chine –, mais elle s'est trouvée hors jeu face aux autres menaces.

Cependant – et je souligne particulièrement cette circonstance – une caractéristique importante de l'évolution du système de sécurité en Asie centrale, compte tenu des particularités géopolitiques, économiques et culturelles de son développement, résidait dans le fait que les menaces non traditionnelles (le terrorisme, l'extrémisme religieux, le narcobusiness international et la criminalité organisée) prévalaient sur la menace d'une intervention armée d'un pays tiers dans la région. Ce qui s'est notamment manifesté par le conflit gravissime au Tadjikistan dans les années 1990.

Il est clair que les problèmes internes à la région sont du domaine de responsabilité des pays qui la composent. Pour ce qui est de la stratégie militaire, elle doit se fonder sur la constitution de forces armées hautement professionnelles coopérant effectivement avec celles des pays membres des structures militaro-politiques auxquelles le Kazakhstan appartient ou envisage d'appartenir.

Pour sa propre sécurité, il faut que le pays utilise au maximum la coopération technico-militaire qui s'élargit dans le cadre de l'OTSC. La nature et le contenu de cette coopération doivent correspondre strictement aux exigences de la modernisation des forces armées nationales. Pour cela, la priorité des priorités va à la mise sur pied de forces armées très efficaces, dotées largement de forces mobiles, d'aviation, de défense antiaérienne, d'armes de haute précision et de moyens modernes de renseignement. La nécessité vitale de cette modernisation découle du caractère même des éventuelles menaces militaires, du degré d'intensité bas ou moyen des conflits armés, et aussi des particularités de la géographie militaire de la région : grandeur du territoire, longueur des frontières et faible densité démographique.

En quelques mots, dans le domaine du développement militaire, ce ne sont pas les tâches qui manquent au Kazakhstan, et chacune d'elles ne peut s'accomplir en un tour de main. C'est un chemin long et épineux, mais de la réalisation de toutes ces tâches ou de la plupart d'entre elles dépend un enjeu majeur pour le Kazakhstan : le maintien de son régime actuel de sécurité nationale et étatique sur une base fixe et durable.

Il existe une échelle concrète et tangible des menaces pesant sur la sécurité nationale du Kazakhstan, sur le développement permanent de la société civile et sur le progrès socio-économique. Plus la résistance qui leur est opposée est faible, plus ces menaces sont redoutables. Aussi la simple constatation et l'analyse des risques ne sont-elles que les premiers pas du processus ultérieur de préservation de la capacité sécuritaire du Kazakhstan. Le niveau actuel de notre sécurité nationale et étatique n'est pas indépendant de la société. De nos jours, le Kazakhstan dispose de structures pacifiques stables et permanentes, et ce statu quo est le fruit des efforts constants de nos potentiels humains, intellectuels, spirituels, et d'une volonté politique particulièrement tenace.

Notre société kazakhstanaise se trouve au terme d'une évolution de l'économie transitoire : une culture nouvelle, de nouvelles formes de rapports sociaux émergent ; la société civile prend corps ; un certain climat social et psychologique se crée non seulement au Kazakhstan, mais aussi dans toute la région centrasiatique. Or il y a un lien étroit entre ces phénomènes et la structure même de la sécurité.

Ce n'est pas seulement l'état de la sécurité obtenue qui en soi influe sur le caractère et les rythmes de développement de l'économie, de la culture et de la politique, mais tout autant la manière dont sont appliquées les mesures maintenant la sécurité au niveau voulu. La nature même de la méthode de préservation de la sécurité choisie par nous doit être apte à favoriser au mieux les rythmes de l'essor politique, social et économique du Kazakhstan.

On ne saurait négliger la vaste expérience mondiale des pays et régions les plus diverses, acquise par un long labeur consacré au maintien des systèmes de sécurité et des œuvres de paix. De toute évidence, si l'on veut créer une sécurité régionale, il faut définir clairement ce qu'elle représente, quelle est sa place dans la sécurité internationale et quel rôle elle joue dans l'édification de la sécurité nationale. Celle-ci, destinée à garantir l'intégrité des intérêts vitaux du pays, la souveraineté nationale, l'intangibilité territoriale, la protection de la population, fonctionne comme système préservant la vie de l'Etat. Sans sécurité nationale, pas d'Etat.

A chaque stade de leur évolution, les Etats et les communautés ont développé leur système de sécurité globale et régionale en fonction de leur propre échelle des dangers. A ce propos, il est intéressant de suivre l'histoire de la formation de la sécurité en tant que système de règles de comportement des Etats et des rapports qu'ils entretiennent entre eux.

Ainsi, on l'a vu, la période précédant la guerre de Trente Ans et celle de la guerre elle-même en Europe, au début du XVIIe siècle, ont été marquées par des opérations militaires constantes et confuses, dans lesquelles presque tous les Etats d'Europe ont été impliqués, directement ou non. Les Etats belligérants avaient tant épuisé leurs forces et leurs ressources, ils étaient si affaiblis qu'il était pour eux vraiment absurde et catastrophique de poursuivre les hostilités. En 1648, le traité de paix de Westphalie, qui mit fin à la guerre, a fondé le principe d'un système nouveau de relations entre Etats, fondé sur le droit international.

Ce traité a eu pour effet la mise en ordre des relations internationales, l'émergence de notions nouvelles pour l'époque, telles que l'intérêt national et la souveraineté étatique. Très en avance sur son temps, il a été le premier à être fondé sur le droit international et à assurer réellement la sécurité entre pays. Il a permis de définir avec précision la place des Etats sur l'échiquier international et il a institué la systématisation de leurs rapports. L'héritage de cette période et de la formule nouvelle d'organisation du monde demeure aujourd'hui encore ; pour une grande part, nous vivons selon le code des lois défini par le traité de Westphalie. La répartition géopolitique qui s'est créée en Europe à la suite du traité a permis à ce continent d'exister sans conflits majeurs jusqu'à la Révolution française. Cet exemple montre concrètement comment un authentique système de sécurité régionale a pu s'installer en Europe sur une période restée relativement pacifique.

Cela a duré jusqu'à l'arrivée fracassante sur la scène de l'histoire du « Corse furieux » dont les ambitions faisaient fi des frontières nationales en Europe et dans le monde et des règles du droit international. L'abdication de Napoléon et l'effondrement de l'Empire français ont posé les bases historiques d'une redistribution géopolitique, consacrée juridiquement par le congrès de Vienne en 1815. L'ordre du monde était désormais garanti par la puissance militaire de l'Empire russe et par les autres pays vainqueurs (Prusse, Autriche et Grande-Bretagne) et il se concrétisait dans un pacte, la Sainte-Alliance – l'esprit de revanche bonapartiste faisant figure de menace à l'ordre nouveau.

Les vainqueurs, qui devaient dorénavant assurer la paix en Europe, en tirèrent des bénéfices. La Prusse réunifia l'Allemagne sous l'égide du Kaiser, annexant du même coup l'Alsace et la Lorraine françaises. L'Autriche se transforma en Empire austro-hongrois unifiant divers pays et peuples. La Grande-Bretagne devint la plus grande puissance coloniale du monde. Dès lors, c'est le droit du plus fort qui allait être garant de la paix perpétuelle et de la sécurité.

Outre le maintien de la paix, la Sainte-Alliance exerçait d'autres fonctions, notamment celle de contenir les mouvements révolutionnaires et de libération nationale (l'extrémisme politique) de la première moitié du XIXe siècle. La Sainte-Alliance a donc été le premier grand forum garantissant une certaine stabilité des frontières et des structures des sociétés de l'époque. Système nouveau, plus perfectionné, de garantie de paix et de non-conflictualité, l'ordre de Vienne dura une cinquantaine d'années et posa les fondements de la sécurité régionale en Europe.

C'est seulement à la fin du XIXe et au début du XXe siècle que l'apparition de centres de force représentés par l'Allemagne et l'Italie réunifiées et aussi la montée en puissance de l'Autriche-Hongrie, tous trois formant la Triple-Alliance, provoquèrent un nouveau rapport de forces international, où le rôle clé revenait à la Grande-Bretagne, à la France et à la Russie, regroupées ensuite sous la bannière de la Triple-Entente. En fin de compte, les contradictions entre ces centres de force amenèrent la Première Guerre mondiale.

La fin de cette guerre marqua le point de départ d'une redistribution géopolitique : le système de sécurité internationale défini à Versailles et Washington. C'est à cette époque qu'entra dans l'usage international et dans la langue diplomatique l'expression de « sécurité collective » qui a pris une importance particulière de nos jours. Cette fois-ci, les garants de la paix étaient la Grande-Bretagne, la France et les Etats-Unis. L'esprit de revanche allemand et le bolchevisme russe étaient catalogués comme principales menaces à la paix. De plus, on créa la Société des Nations, première grande organisation permanente appelée à sauvegarder la paix et la sécurité internationales. Le système Versailles-Washington fixait en quantité et qualité les armements de plusieurs régions du monde au profit des vainqueurs et au grand dam des vaincus. Le mécontentement de ces derniers engendra peu à peu la politique d'expansion en Allemagne et le militarisme au Japon. L'essor économique qui s'ensuivit dans les deux pays leur permit de constituer, avec l'Italie, l'axe Berlin-Rome-Tokyo, qui prétendait changer l'ordre politico-juridique mondial. Les confrontations qui en résultèrent aboutirent au déclenchement de la Seconde Guerre mondiale.

En 1945, l'Allemagne hitlérienne était battue. Mussolini était exécuté. Le Japon impérial signait l'acte de capitulation totale et inconditionnelle. L'achèvement de la Seconde Guerre mondiale donna lieu à une redistribution géopolitique, le système politique international de Yalta. Cette structure d'ordre mondial ouvrait une ère nouvelle dans l'histoire de l'humanité, l'histoire d'un antagonisme global, appelé aussi bipolarité. Pendant de longues années de compétition entre les deux systèmes antagoniques, les relations internationales ont été marquées par l'opposition entre les deux grands blocs, l'Organisation du pacte de Varsovie dirigée par l'URSS et l'Organisation du traité de l'Atlantique Nord dirigée par les Etats-Unis. Une nouvelle entité géopolitique naquit, l'Organisation des nations unies, avec son organe principal, le Conseil de sécurité.

L'affrontement des deux blocs conduisit à la guerre froide, un état des relations internationales où les parties opposées, sans recourir à l'emploi des armes, se livrèrent à une compétition économique et politique, et à la course aux armements. Cependant, dans les conditions de la donne géopolitique de l'époque, apparut un danger radicalement nouveau, celui de la guerre nucléaire et de la destruction de l'humanité. Pour sortir de l'impasse d'un conflit militaire aboutissant à l'anéantissement total des deux parties belligérantes, celles-ci durent faire des tentatives pour diminuer la tension internationale. La plus importante d'entre elles a été le processus d'Helsinki, qui s'acheva par la création de la Conférence sur la sécurité et la coopération en Europe (CSCE) et par la signature, en 1975, de l'Acte final d'Helsinki.

La chute de l'Union soviétique et la dissolution du pacte de Varsovie, la fin de la guerre froide ont entraîné un nouveau paradigme géopolitique des relations internationales : la monopolarité. Une typologie nouvelle des dangers était née. Les menaces globales à la sécurité sont passées au premier plan (terrorisme, narcobusiness, migration clandestine, etc.). On s'est mis à parler de mondialisation dans tous les domaines, y compris en politique. Le concept d'intervention humanitaire est apparu comme variante de la doctrine de la souveraineté limitée. Les principaux centres de force internationaux se sont regroupés sous le drapeau de la coalition antiterroriste dirigée par les Etats-Unis.

La période actuelle de monopolarité se caractérise par le fait qu'un grand bloc de résistance s'est effrité en une multitude de « petites » résistances. Dans les régions les plus différentes de la planète, des Etats qui ne profitaient plus du patronage de l'une des grandes puissances se sont retrouvés, en quelque sorte, livrés à eux-mêmes. Et ils ont dû se débrouiller seuls avec l'héritage que la résistance globale avait laissé sur leur secteur local de la guerre froide.

J'ai déjà relevé que la sécurité internationale dépendait de la politique des grandes puissances et des actions de diverses organisations internationales, dont la principale est l'ONU avec ses institutions clés – le Conseil de sécurité, l'Assemblée générale, l'Agence internationale de l'énergie atomique, etc. De plus, ces derniers temps, les problèmes du terrorisme et de l'extrémisme sont pris en charge par la coalition antiterroriste internationale que dirigent les Etats-Unis. De leur côté, l'OTAN et le groupe des Huit s'occupent d'une série d'autres graves problèmes.

Avec la chute de l'URSS, l'Asie centrale est sortie de la sphère de responsabilité directe de Moscou, et elle s'est donc retrouvée de facto à la frontière de différentes zones de responsabilité. Le paradigme régional monopolaire est devenu pluripolaire. Des offres d'intégration de l'Asie centrale dans leur zone d'influence ont été présentées par les Etats-Unis, la Chine et aussi par plusieurs autres centres régionaux (Turquie, monde islamique, Union européenne, Inde).

Dans l'analyse de la situation géopolitique régionale, il faut distinguer trois niveaux :

En premier lieu, la sécurité de l'Asie centrale dépend des relations triangulaires Etats-Unis-Russie-Chine. En outre, la Turquie, les pays islamiques, les intervenants non étatiques – les trusts transnationaux, les organisations non gouvernementales et internationales, les associations criminelles transfrontalières – influent sur la situation géopolitique régionale. On en tire une conclusion très simple, mais juste : l'état des rapports entre les acteurs énumérés ci-dessus détermine pour beaucoup les processus politiques de la région.

Le deuxième niveau d'analyse concerne la situation géopolitique dans les régions voisines : la Fédération de Russie, la République populaire de Chine, le Caucase du Sud, l'Asie du Sud et le Moyen-Orient.

Le troisième niveau se réfère à la dynamique de développement des relations entre les pays de la région : Kazakhstan, Ouzbékistan, Kirghizstan et Turkménistan.

La présence de plusieurs lignes de conflits potentiels peut être considérée comme un défi à la stabilité de notre région : la situation sociale et économique tendue, le taux élevé de pauvreté dans les Etats de la région, la différenciation sociale croissante favorisant l'instabilité ; la question des voies de développement de la civilisation en Asie centrale en général et de chacun de ses Etats ; le manque d'eau certainement à l'ordre du jour à long terme ; l'état très complexe de l'écologie.

L'importance internationale de l'Asie centrale réside essentiellement dans ses ressources naturelles, dans sa position sur les voies transcontinentales de communication, dans sa proximité des centres de force tels que la Chine et la Russie. Dans la lutte de plus en plus vive autour des ressources naturelles, et surtout énergétiques, l'Asie centrale fait plutôt bonne figure. Des réserves considérables de pétrole, de gaz, de métaux non ferreux et de métaux alcalino-terreux, d'or, d'argent, d'uranium, etc., qui intéressent les puissances mondiales, donnent un poids important à la région dans l'économie planétaire. Enfin, la mer Caspienne, avec ses ressources biologiques et pétrolières uniques, possède une valeur stratégique particulière.

Par ailleurs, l'Asie centrale se trouve non loin de l'arc d'instabilité, où affluent chaque année des masses de plus en plus importantes de drogue, d'armes, de contrebande, de migrants clandestins, et à proximité d'autres zones à problèmes, ce qui pousse la communauté mondiale à se pencher de plus en plus sur les difficultés et les perspectives de la région.

Ajoutons à cela que c'est une région où se croisent les plus grandes civilisations du monde : islamique, orthodoxe russe, confucianiste chinoise, occidentale.

Ainsi l'Asie centrale apparaît-elle comme une région d'une importance majeure du point de vue de la politique, de l'économie et de la sécurité internationales.

Il faut justement placer dans la signification géopolitique croissante de l'Asie centrale les perspectives de développement de la situation politique de la région et son balancement entre deux directions : déstabilisation ou renforcement continu du régime de stabilité. Or les estimations actuelles sur l'évolution de la situation géopolitique et de la stratégie des acteurs clés, mondiaux et régionaux, permettent de prévoir que la période de relative stabilité va se poursuivre. Toutefois, la présence de problèmes non résolus, de menaces et de défis montre que la stabilité est en perpétuel devenir et nécessite un monitoring permanent et des analyses actualisées.

Le niveau de confiance est assez élevé dans la région d'Asie centrale. Elle possède un riche fonds culturel, linguistique et historique qui offre aux pays qui la composent une certaine communauté et des axes de rapprochement. Ainsi presque tous les Etats d'Asie centrale se réfèrent à la culture turque ; la plupart de leurs habitants confessent un type commun d'islam sunnite ; une majorité de gens maîtrisent le russe à des degrés divers.

Malgré l'acuité des problèmes, il n'y a nullement lieu de parler de fatalités des menaces. Seule l'inaction et le refus absolu de prendre des mesures destinées à les prévenir ou à les neutraliser peuvent leur donner un caractère inéluctable. On ne peut garantir que notre sécurité nationale est à l'abri de dangers ; on peut seulement dire que le faisceau des mesures et des actions entreprises et à entreprendre permettra sinon d'éliminer la source de ces dangers, du moins d'en réduire les effets néfastes.

En quoi consiste ce faisceau de mesures générales établies sur une conception unitaire de la sécurité et qui nous permettront de passer sans trop de pertes la décennie critique à venir ? Je vois là plusieurs grandes orientations.

— Premièrement, il est indispensable de développer comme objectif stratégique la formation d'un bloc géopolitique uni de l'Asie centrale.

Activer la coopération militaire et l'échange d'expériences entre les pays de la région. Organiser des manœuvres et exercices militaires communs et y participer.

Renforcer les axes de culture et de civilisation par l'intégration culturelle.

Agir pour diminuer la tension dans la région et y accroître la confiance. Prendre en compte les stratégies de développement de tous les Etats centrasiatiques et essayer de les mettre en corrélation.

Fonder des entreprises et organisations centrasiatiques conjointes afin de régler les différends concernant l'eau, l'énergie, les matières premières, etc. (par exemple, en créant des unions centrasiatiques de l'eau, du coton et du riz).

Contribuer à l'achèvement de la délimitation des frontières entre les pays de la région.

— Deuxièmement, il est indispensable de poursuivre la politique multilatérale en stimulant les grands acteurs extérieurs pour qu'ils se rapprochent et coopèrent.

Dans le but de s'opposer aux diverses stratégies de « crise contrôlée » et d'« exportation de l'instabilité », il est judicieux d'accroître la coopération avec tous les principaux centres de force de la région.

Il est indispensable de poursuivre le développement d'un système de sécurité pourvu d'un large éventail de niveaux et de variantes.

Il est également important de renforcer les composantes économiques, politiques et culturelles des unions régionales dans le domaine de la sécurité.

— Enfin, il est indispensable de poursuivre la formation de cercles concentriques de stabilité autour du Kazakhstan et de l'Asie centrale.

Comme le montre l'expérience mondiale, il faut développer la sécurité étatique et régionale en coopérant, dans ce domaine, avec les Etats situés à la périphérie des frontières de la région.

La sécurité nationale du Kazakhstan doit être étroitement couplée à celle de la région centrasiatique, qui, à son tour, doit être considérée comme partie intégrante de l'Eurasie centrale. La région centreurasienne doit être intégrée au système eurasien de sécurité, lui-même intégré au système mondial. A cet égard, il est indispensable de créer des barrières de sécurité tous azimuts face aux menaces et aux défis à venir.

Au total, il faut s'efforcer de constituer un système de sécurité collective avec la participation de tous les centres de force régionaux et la coopération multilatérale des Etats centrasiatiques eux-mêmes.

Nos efforts d'intégration ne relèvent pas seulement du pragmatisme économique, ils sont aussi la clé de la sécurité. Personne ne souhaite l'instabilité à un partenaire économique et commercial. Aussi la stabilité de nos voisins est-elle capitale pour le Kazakhstan. C'est une position franche et claire qui explique tous les pas que nous faisons dans cette direction et l'orientation tranquille et éprouvée de la politique étrangère du Kazakhstan dans la région.

La sécurité de l'Asie centrale dépend dans une grande mesure de la volonté et de la maturité des élites politiques. Le niveau de compréhension mutuelle entre leaders, tel qu'il s'est confirmé depuis l'indépendance, a permis d'éviter le scénario le plus pessimiste, prédit par de nombreux experts, celui de conflits entre Etats. Je suis profondément convaincu que ce scénario ne se réalisera jamais.

CONCLUSION

Nous sommes parfaitement capables de voir comment change la société qui nous entoure, mais parfois nous ne remarquons pas le changement qui s'opère en nous-mêmes. Nous nous disons : « Tiens, ça c'est nouveau », ou bien : « Tiens, ça c'est vieux », mais il est rare que nous disions de nous : « Autrefois j'ai pensé comme ça, et maintenant je pense et j'agis différemment. » Or le propre de l'homme, sa vie durant, c'est d'évoluer dans son corps, mais aussi dans son esprit.

Bien des gens réagissent à retardement. Leurs remarques sont, en règle générale, vraies et justes, seulement elles viennent après coup. Seule la compréhension d'erreurs dues à des conceptions passées ouvre à notre conscience les voies de la vérité.

Le paradoxe consiste en ceci : si nous avions « alors » suivi une voie plus adéquate aux conceptions et au niveau de compréhension « d'alors », nous serions arrivés à un résultat pire et nous serions heurtés à un plus grand nombre de difficultés et, peut-être, même à des difficultés fatales.

Régulier ou non, voilà pourquoi le développement

de la société civile de nombreux Etats a pu traîner en longueur. Elle demande du temps, cette prise de conscience du présent dépassé et du chemin des erreurs, étape précédant le temps d'une nouvelle logique et d'une dynamique appropriée de développement. D'autant plus que la démocratie, c'est le progrès non pas horizontal, mais vertical, de la société. En effet les sages ne sont pas les seuls à passer à côté des montagnes, il y a aussi les sots, alors que seuls la raison, le bon sens, l'expérience et l'audace conquièrent les montagnes.

Deux siècles d'existence de démocratie américaine, ce ne sont pas deux siècles de triomphe constant de la démocratie. Ce sont deux cents années de tentatives et d'erreurs politiques et sociales sur le chemin menant à une société démocratique et ouverte, telle qu'elle l'est aujourd'hui aux Etats-Unis. La loi de Lynch, le maccarthysme, les émeutes sociales, la ségrégation raciale, la limitation du droit de vote, ce n'est pas de l'histoire remontant à deux cents ans, c'est la dure réalité quotidienne d'édification progressive, mais inéluctable, d'un modèle de société, disons-le comme ça, démocratique autant que possible.

Nous, les Kazakhstanais, nous avons vécu dans une société absolument fermée où régnaient la hiérarchisation de l'esprit, l'impératif des jugements et la prédétermination de l'avenir. Mais est-ce notre faute à nous ? Nous sommes encore tous capables d'étonnement, et nous serions vraiment coupables si nous restions en toute circonstance esclaves de l'esprit qui nous a été imposé. Si, reconnaissant l'imperfection de nos anciennes conceptions et valeurs, nous étions incapables de bâtir une vie à nouveau.

Car la genèse de l'indépendance étatique, la nôtre ou toute autre, n'est pas seulement l'histoire d'une réorganisation sociale et économique. C'est pour une grande part l'histoire de la croissance individuelle de chacun de nous. C'est l'histoire du renversement psychologique de valeurs vitales et du sens même de la vie. C'est l'histoire du retour des peuples et de chacun d'entre nous au sein de la civilisation mondiale. Mais afin d'élaborer la stratégie de ce retour puis aller de l'avant, il faut déterminer notre objectif final : le monde et la communauté mondiale.

Quel monde avons-nous aujourd'hui ? Est-il si petit qu'un seul agent destructeur puisse chambouler tout le tableau et la dynamique du développement de l'humanité ? Est-il si grand que tout séisme global puisse être nivelé par le temps lui-même et qu'après un bref choc toute chose revienne à sa place ? Est-il un tel chaos que les conceptions futuristes des hommes politiques et des politologues ne sont que des divinations par le marc de café, sous un bel emballage intellectuel ? Ou bien, le monde serait-il entièrement déterminé de façon que les intrigues de quelques clubs et les stratagèmes de centres dirigeants se réalisent parce qu'ils correspondraient à des lois, encore inconnues de nous, du développement ?

L'humanité a exploré la surface de la Lune qui se trouve à plusieurs centaines de milliers de kilomètres, mais elle n'a même pas encore découvert dix pour cent des fonds marins qui sont pratiquement à sa portée. Spécialistes et experts peuvent bien décrire les paramètres du développement planétaire, se convainquant après coup de leur excellence professionnelle, ils ne peuvent définir la vraie motivation et la nature du comportement de l'homme ordinaire, car ils établissent leurs pronostics comme l'âne de Buridan. En ce qui concerne les perspectives fiables et les estimations même à court terme de l'avenir, là seuls se sentent vraiment à l'aise les astrologues futiles et les innombrables prophètes dont on ne se souvient que lorsque d'une centaine de leurs prédictions une seule se réalise, et encore très approximativement.

La politologie contemporaine est pour l'instant incapable de pressentir et tout bonnement de comprendre les lois fondamentales de l'évolution sociopolitique de la communauté mondiale et de fabriquer un mécanisme généralisé permettant d'établir le plan de navigation d'un Etat quelconque, d'un groupement régional, a fortiori de toute l'humanité. Même la mondialisation, nouvelle catégorie conceptuelle très en vogue, a non seulement les définitions les plus diverses, mais elle est aussi interprétée par tous différemment : allant du modèle de la conscience mondiale, mue par une loi objective, à l'orientation pragmatique vers la réanimation postmoderniste de la domination coloniale en tant qu'incarnation de la théorie du complot.

Une seule chose est claire : la mondialisation, comme attribut nouveau, pas entièrement intelligible, mais réel, peut et doit changer radicalement notre vie, sans garanties solides de changements vers un avenir meilleur pour tous les participants du processus. On voit seulement que le mouvement s'accompagne d'un certain affaiblissement du rôle de l'Etat dans la structure politico-économique de la communauté mondiale, de même que d'une uniformisation de l'opinion publique, d'une disproportion croissante de progression entre ses promoteurs, d'une part, et, d'autre part, ses adeptes ou ses observateurs marginaux.

Dans la mondialisation, il n'y a ni optimisme romantique ni philosophie obscure. C'est du pur pragmatisme économique, c'est le réalisme du monde du progrès technologique et de la standardisation du régime de consommation et de production. C'est le monde des conflits incessants parce que le mondialisme propre et souhaitable est pour le moment irréalisable : le régionalisme et le séparatisme ne mourront pas avant que meure l'idée même d'Etat.

L'éclatement de l'espace soviétique et la déferlante de problèmes urgents et de questions courantes n'ont pu cependant empêcher qu'on tente d'échafauder la construction d'un univers social kazakhstanais acceptable pour nous, pour le Kazakhstan, et optimale dans les conditions géopolitiques du moment – un univers correspondant aux intérêts de l'ensemble colossal de diversités culturelles, spatiales, confessionnelles, sociales et idéologiques du Kazakhstan, héritées de l'Union soviétique.

Il est évident qu'il nous a fallu certes considérer et reconnaître la nécessité de tendances banales à la formation par étapes d'une société ouverte et démocratique, mais aussi prendre en compte les tendances variables et incertaines des transformations et de la dynamique de développement des communautés universelles et régionales.

Le monde ne s'uniformise pas seulement pas à pas, il s'écarte aussi graduellement des modèles unilatéraux de développement de la société humaine. La mondialisation arrange les uns, elle leur est favorable, mais pour certaines raisons elle ne fait pas l'affaire des autres, au moins à court terme. La perspective de mondialisation est particulièrement dangereuse et incertaine dans la conjoncture actuelle où coexistent une assez grande quantité de centres de force qui suivent leurs intérêts spécifiques.

Toutefois, les conceptions de l'avenir, de toute évidence erronées, qui se fondent sur les théories de la fin de l'histoire ou du heurt des civilisations ont un côté positif : l'humanité cherche le meilleur scénario d'évolution des communautés vers une intégration maximale dans ce monde disparate et hétérogène.

Quelques orientations générales peuvent déterminer le développement géopolitique de certains Etats ou formations étatiques. C'est seulement quand tel ou tel type de société se formera sans ambiguïté avec son statut géostratégique et géopolitique qu'il sera possible de déterminer précisément et globalement la ligne de conduite tant à l'intérieur qu'à l'extérieur de l'Etat, la stratégie et la tactique des réformes de politique intérieure et étrangère. Bâtir une société ouverte en se fondant sur l'inéluctabilité des tendances globalisatrices, voilà le meilleur chemin vers l'édification d'une société suffisamment développée, constituée à partir des principes du développement durable.

Mais pour éviter l'effet inverse – l'aggravation des contradictions entre des civilisations qui se croisent – il est nécessaire d'abandonner des relations établies sur un soupçon de supériorité qualitative ou quantitative. Du genre : chez nous, voyez-vous, on a davantage de démocratie ou notre niveau de vie est plus élevé ; donc ayez l'amabilité de suivre nos règles sans discuter. Ou alors : regardez nos traditions ancestrales, notre culture philosophique originale si riche ; nous vivons selon nos règles et nous sommes libres de décider dans quelle mesure il faut vous suivre ou même s'il faut vous suivre en général. (La première écriture, cunéiforme, est apparue au royaume de Sumer, sur le territoire actuel de l'Irak : cela dit, les traditions ne garantissent nullement le développement harmonieux d'une société aujourd'hui.)

En même temps, chaque Etat, qu'il soit initiateur d'une quelconque nouveauté ou non, a le droit de partenariat et de relations d'égal à égal. Ne serait-ce que parce qu'il possède un statut identique dans les relations interétatiques. Pour cette raison, nous ne regardons pas le monde du point de vue du consensus planétaire, modèle optimalisé du gouvernement mondial ou du troupeau d'oies, mais du point de vue d'un certain système dans lequel se réalisent l'action concertée d'Etats souverains sur la base de la parité totale des relations et le développement original des Etats sur la base de leurs propres traditions et de leur rythme propre de transformation politique, économique et sociale.

Le contexte géopolitique de ce modèle conceptuel est assez transparent : le fil conducteur de l'intégration mondiale, ce sont des relations égalitaires et paritaires entre tous les membres de la communauté mondiale, reposant sur le bon voisinage, la compréhension mutuelle et la confiance. Dans ce contexte, le vecteur politique intérieur de l'autodéveloppement et de l'autoperfectionnement apparaît en toute clarté : le programme d'édification d'un Kazakhstan souverain et stable, d'un espace social à l'impératif catégorique trinitaire – concorde civique nationale, évolution du système politique et transformation permanente de l'économie vers un type ouvert et civilisé.

Tel est, sous une forme très simplifiée, le schéma d'intégration géopolitique du Kazakhstan dans la communauté mondiale. Pas de jeu à « je te rattraperai » avec les Etats développés ni de « on fera nous-mêmes » dans les questions d'économie et de structures politiques, mais un développement de soi progressif et régulier grâce aux ressources intérieures et aux liens extérieurs, allant au rythme synchrone de notre mentalité sociale, de notre statut politique civil et de notre potentiel de ressources. Il va de soi que l'avenir est l'enjeu des processus d'unification de la coopération interétatique et des tendances globalistes, qui ont de toute façon des répercussions importantes sur les structures politiques et sociales de l'Etat impliqué, bon gré mal gré, dans ces processus différents et contradictoires.

Sur quels principes de fonctionnement nécessaires et suffisants et sur quel mécanisme d'exécution repose la formation du modèle kazakhstanais de société ? Pour éclairer notre vision de la construction étatique du Kazakhstan, au cours de cette décennie qui a été marquée par son changement transitoire de régime et de développement, il faut réexaminer tous les leviers qui assurent notre indépendance et notre liberté : les composantes géopolitiques, de politique intérieure, socioculturelles, idéologiques et économiques.

Il est logique que, dans le contexte des réalités actuelles, le rôle dominant de l'institution souveraine qu'est l'Etat dans la structure de la société non seulement ne se conserve pas immuablement, mais qu'il acquiert quelques fonctions nouvelles liées à l'initiative constructive et à la réaction aux transformations du monde.

La communauté mondiale en est seulement à la recherche de l'union, elle y aspire, mais jusqu'ici sans résultat. Il n'existe même pas encore de forme universelle d'organisation, qui inciterait à l'intégration de tous les Etats sans exception. Il n'y a ni idée mondiale ni mécanisme constructif d'une forme de mondialisation acceptable pour tous. Qui plus est, l'idée d'Etat, en tant que forme de communauté humaine et fondement de nation, loin de s'être compromise, montre sa vitalité et offre des perspectives d'avenir.

D'un côté, en grossissant quelque peu les choses, il se trouve dans l'Etat une force mobilisatrice qu'expriment les gens quand ils disent qu'ils sont prêts à mourir pour leur pays, mais pas pour leur entreprise si puissante soit-elle. D'autre part, les processus d'autodétermination nationale et de séparatisme peuvent aboutir, dans un avenir prévisible, à la naissance de plusieurs centaines d'Etats souverains et indépendants qui viendront s'ajouter aux deux cents répertoriés actuellement sur la carte du monde.

Dans ces conditions, le nombre relatif et absolu des gens prêts à tout donner, sinon pour l'idée d'Etat, du moins pour leur pays, pour leur patrie, pour son indépendance et sa liberté, s'accroît. C'est pourquoi la volonté d'intégration et la mondialisation effective ne sont pas, pour parler comme jadis, un dogme, mais le guide de l'action. Certes, la conception est claire et limpide, mais c'est à chaque Etat, à chaque société, qu'il revient de déterminer sa route et de tracer son propre schéma d'internationalisation maximale de la vie politique et sociale, et d'intégration de la sphère économique dans un espace mondial unique.

M'écartant du concept et du phénomène même de

mondialisation, de ses avantages et de ses inconvénients, je trouve nécessaire d'en développer une des propriétés, qui revêt une importance capitale. La mondialisation n'est pas un phénomène général et fatal pour tous les pays et les peuples. Certaines tendances dans les structures politiques et dans l'élargissement de l'intégration économique ne concernent pas les pays qui ne veulent pas s'inscrire dans ce processus ou bien qui ne représentent pas pour celui-ci d'intérêt géopolitique ou économique. Bref, entrer organiquement dans le processus de mondialisation ou faire des pieds et des mains pour s'y placer, cela dépend de la propre politique intérieure et extérieure de la majorité des pays du monde. Aussi ne s'agit-il pas pour nous de discuter de la nature et du mécanisme de la mondialisation, mais de répondre, pertinemment de préférence, à une question : faut-il empêcher ou favoriser l'entrée du Kazakhstan dans le processus de la mondialisation du système politique et de l'économie transnationale ?

Autrement dit, la mondialisation est-elle pour nous une pandémie contre laquelle nous devons chercher un antibiotique à l'intérieur de la nation, ou bien une brise fraîche qui peut gonfler les voiles de notre Etat et de notre économie et, pour ainsi dire, donner l'impulsion à un développement correspondant le mieux aux intérêts de notre peuple ?

Le train de la mondialisation prend de la vitesse, et il ne s'agit pas tant de savoir où il va, mais de savoir que c'est justement lui qui détermine le vecteur stratégique du développement de l'humanité entière. En fin de compte, à l'avant-garde du troupeau d'oies se trouve la lumière de la civilisation mondiale et du progrès, que ça plaise ou non. On peut admirer ce troupeau depuis la terre et rêver au ciel, mais on peut s'y joindre et au moins connaître le prix du vol et les perspectives du point d'arrivée. Chacun peut définir seul le vecteur de son propre développement, mais ne pas utiliser les standards de mesure de ceux qui sont en tête serait de l'imprévoyance et de l'imprudence.

Une société fermée, c'est la possibilité de voler dans une cage, même grande. Une société ouverte, c'est la possibilité de voler dans le ciel. Et conformément à notre histoire et à notre esprit de liberté, la deuxième allégorie est la plus proche de nous – l'aigle planant sous le soleil ardent dans le ciel infini de la steppe.

Que nous ayons donc franchi bien ou mal l'étape préliminaire, j'ai l'audace, avec de bonnes raisons, de déclarer : de tous les pays de l'Asie centrale, aujourd'hui, le Kazakhstan est le mieux préparé à entrer rapidement et à fond dans le processus d'intégration politique et économique de la communauté mondiale.

Nous sommes les mieux préparés à affronter les dangers que j'ai mentionnés et qui toucheront notre pays dans la prochaine décennie. C'est seulement dans les conditions d'une intégration maximale dans la communauté mondiale que nous pourrons garantir le plus haut degré de sécurité. Cela ne signifie nullement que pour nous la mondialisation est une panacée face à tous les dangers menaçant notre sécurité nationale et étatique. Une chose est sûre : le niveau des menaces est si élevé, celles-ci sont si protéiformes qu'il serait insensé de vouloir en venir à bout seuls.

Nous ne pouvons deviner si le mondialisme a raison ou non ; nous ne voyons pas d'alternative au développement civilisationnel accéléré de la société et de l'économie intérieure de type libéral. Il est tout à fait évident qu'il ne s'agit pas de copier purement et simplement cette forme – le masque pris mécaniquement sur un visage est moins bon que la sculpture habile. S'approprier ce qu'il y a de meilleur dans l'expérience mondiale et mobiliser nos profondes traditions nationales pour le plus grand bien du progrès économique et social, là est la clé du succès d'un Kazakhstan stable et florissant.

Quand on demanda à Esope quel était le plat le plus mauvais, il répondit : « La langue », et quand on lui demanda pourquoi, il répondit : « Parce qu'à l'aide de la langue on trahit, torture, tue, on traîne l'homme dans la boue ! » Quand alors on lui demanda quel était le plat le meilleur, Esope répondit : « La langue », et il expliqua : « A l'aide de la langue on parle d'amour, on célèbre l'amitié, on exprime la gratitude et on force les gens à être meilleurs qu'ils ont été et qu'ils sont ! »

Le phénomène de mondialisation présente bien des qualités et bien des défauts. Quand les hommes et la société choisissent leur voie d'intégration dans la communauté mondiale, ils ne penchent pas pour un modèle parfait et idéal de développement, vu qu'il n'en existe pas. Nous aussi, les Kazakhstanais, nous choisissons notre voie d'intégration à la communauté mondiale en nous appuyant sur ce processus, non que cette voie soit absolument parfaite, mais parce que pour nous et pour le Kazakhstan elle offre plus d'aspects positifs et d'avantages que de points négatifs et d'inconvénients.

Notre grande priorité est ferme et incontestable : la

sécurité de la nation et la sauvegarde du principe de l'Etat. Néanmoins, cela génère un grand nombre d'interrogations et de variantes possibles : comment et par quels moyens garantir la sécurité des peuples du Kazakhstan et en même temps éviter les cataclysmes capables de provoquer le déclin de l'Etat ou l'affaiblissement de ses structures, de l'indépendance et de la souveraineté ?

Dans cette affaire, il nous faut reconnaître la réalité et, pour l'essentiel, nous en remettre à nous-mêmes, à la richesse de notre potentiel culturel, humain et de nos ressources. Nous ne devons pas compter sur l'altruisme universel. Rappelons que tous les pays, aujourd'hui du moins, sont assez loin de faire passer les intérêts communs à toute l'humanité avant leurs intérêts nationaux.

L'incompréhension fondamentale et étonnamment tenace du fait que chaque culture, chaque ethnie et chaque civilisation, si retardataire et conservatrice soit-elle, a le droit d'exister, d'avoir sa propre identité et sa place sous le soleil, restera une source permanente de conflits régionaux et de foyers locaux de lutte politique et de confrontations armées. La frontière de résistance ne passera pas seulement entre les cultures et les civilisations – c'est une vision trop étroite du futur. La ligne de partage passera par tous les plans des contradictions : entre richesse et pauvreté, ressources naturelles et ressources humaines, entre membres d'une même confession et ceux d'autres religions, entre mondialistes et antimondialistes, entre Etats souverains et trusts transnationaux.

L'avenir présente cependant d'autres aspects qui ne relèvent pas directement de la géopolitique ni de la géostratégie. Ces problèmes, bien connus, concernent tous les habitants de la planète : croissance exponentielle de la concentration de gaz carbonique, pollutions dues à la radioactivité, destruction de la couche d'ozone, facteurs mutagènes, crises écologiques, épuisement des ressources naturelles, problèmes démographiques ; ainsi on prévoit qu'en 2015 une moitié de la planète manquera d'eau pure et que la population mondiale sera passée de 6,1 milliards à 7,2 milliards d'habitants. Nous adaptant à l'allure incertaine de la mondialisation, à ses avancées tantôt prudentes, tantôt ambitieuses, nous devons sans tarder réfléchir et résoudre les problèmes essentiels qui touchent le Kazakhstan en tant que partie intégrante de la communauté mondiale.

J'aimerais citer un document publié à la fin de l'an 2000. Il s'agit du rapport « Tendances globales 2015 », préparé par des experts américains. Le passage que j'ai choisi, malgré l'ambiguïté du contexte géopolitique, reflète assez fidèlement la nature profonde du rapport entre volonté politique souveraine et intégration internationale : « Les Etats ayant un gouvernement inefficace et incompétent non seulement ne pourront tirer profit de la mondialisation, mais dans certains cas ils occasionneront des conflits chez eux, et à l'étranger, ce qui provoquera entre les vainqueurs régionaux et les perdants un décalage encore plus grand que celui d'aujourd'hui. »

« Le sommeil de la raison engendre des monstres... » Pour moi, cette phrase prend tout son sens en s'inscrivant dans un contexte nouveau : le repli sur soi d'un espace souverain et l'inertie dans les relations avec la communauté mondiale débouchent, en fin de compte, sur un état comateux de l'économie et de la société. Le vecteur unique du développement, c'est la volonté de s'intégrer, de rejoindre le processus de la mondialisation.

Nous ne pouvons garantir que notre chemin ne sera pas semé de crises, mais nous pouvons garantir que de nombreuses années d'expérience et les traditions enracinées dans notre société permettront de sortir dignement et avantageusement de toute crise. Nous en sommes capables. Notre peuple porte en lui un énorme potentiel intellectuel et spirituel. C'est la base de notre optimisme historique et de la sécurité pour entrer dans la décennie critique de notre avenir national, régional et global.

REMERCIEMENTS

Nous remercions le groupe Total pour sa participation à la publication de cet ouvrage.

TABLE

DU MÊME AUTEUR

Sans droites, ni gauches
L'Âge d'homme, 1993

Composition Nord Compo
Impression Bussière en janvier 2005
Editions Albin Michel
22, rue Huyghens, 75014 Paris
www.albin-michel.fr

ISBN 2-226-15589-9
N° d'édition : 22951. – N° d'impression : 050159/4.
Dépôt légal : février 2005.
Imprimé en France.